家庭经济学

[美] 加里·S. 贝克尔 著
(Gary S. Becker)

袁月美 罗卫东 译

李仁贵 审校

THE ECONOMIC APPROACH
UNPUBLISHED WRITINGS OF GARY S. BECKER

中国科学技术出版社
·北 京·

The Economic Approach: Unpublished Writings of Gary S. Becker by Gary S. Becker.
Edited by Julio J. Elias, Casey B. Mulligan, and Kevin M. Murphy.
© 2023 by The University of Chicago. All rights reserved.
Licensed by The University of Chicago Press, Chicago, Illinois, U.S.A.
Simplified Chinese translation copyright by China Science and Technology Press Co., Ltd.
北京市版权局著作权合同登记　图字：01-2024-1386

图书在版编目（CIP）数据

家庭经济学 / （美）加里·S.贝克尔著；袁月美，
罗卫东译 . -- 北京：中国科学技术出版社，2025.2（2025.9 重印）.
ISBN 978-7-5236-1166-1

Ⅰ . F063.4

中国国家版本馆 CIP 数据核字第 2024CY3540 号

策划编辑	褚福祎	责任编辑	褚福祎
封面设计	创研设	版式设计	蚂蚁设计
责任校对	邓雪梅	责任印制	李晓霖

出　　版	中国科学技术出版社
发　　行	中国科学技术出版社有限公司
地　　址	北京市海淀区中关村南大街 16 号
邮　　编	100081
发行电话	010-62173865
传　　真	010-62173081
网　　址	http://www.cspbooks.com.cn

开　　本	880mm × 1230mm　　1/32
字　　数	162 千字
印　　张	8.75
版　　次	2025 年 2 月第 1 版
印　　次	2025 年 9 月第 2 次印刷
印　　刷	北京盛通印刷股份有限公司
书　　号	ISBN 978-7-5236-1166-1 / F·1350
定　　价	69.00 元

译者序

芝加哥大学教授、诺贝尔经济学奖得主加里·S.贝克尔不仅是全球经济学界耳熟能详的著名学者，在社会学界也有很大的影响。他毕生致力于将经济分析的基本理念和方法运用于人类社会事务的各个领域、各个方面，也取得了很多重大成果，成为20世纪社会科学和社会理论方法更新的代表性学者，是社会科学跨领域研究的成功典范。贝克尔所主张并身体力行予以推行的经济分析方法，因其假定清晰、逻辑严谨，且可复制性、可证伪性强，成为社会理论"科学化"的不二法门，赢得了不同学科的认同，追随者众。

贝克尔的经济分析方法，本质上是新古典经济学的。它建立于新古典微观经济学的核心范式之上，以理性人在资源和目标约束条件下最大化自身利益的行为方式为基本假设，运用边际革命以来，尤其是马歇尔以来不断发展并成熟的供给—需求均衡分析框架于一切现实场景和情境之中。贝克尔坚定地相信这种经济分析方法的一般意义。他曾说，"在我看来，最大化行为、市场均衡和偏好稳定的综合假定及其不折不扣地运用构成了经济分析的核心"。他不仅否认现代经济学的各种分类之间在问题性质方面的本质差异，比如宏观经济学与微观经济学、增长经济学与发展经济学、企业经济学与劳动经济学等之间的区别，而且，他也否认物质财富的生产、分配、消费与精神财富的生产、分配、消费之间的经济学意义的差别。在贝克尔看来，围绕一台冰箱或者汽车所展开的一系列经济活动，与围绕一个婴儿展开的人类活动之间并没有太大的不同，都是手段和目标约束条件下的最优选择问题。他运用这样一个基本的认识论去观察世界、观察人类生活、观察人的行为，形成了所谓的"观察世界的经济学方法"。这个方法就是贝克尔经济分析的"葵花宝典"。

从经济学思想史的角度来看，贝克尔的经济学方法受到很多人的影响，其主要的思想导师是马歇尔、瓦尔拉斯、萨缪尔森、弗里德曼。他十分赞赏瓦尔拉斯的一般均衡理论，认为它是19世纪经济学最伟大的成果，这个评价与熊彼特当年对瓦尔拉斯的一般均衡理论的评价相仿。但是贝克尔不认为瓦尔拉斯的方法是经济实用的。他更愿意接受马歇尔的局部均衡分析方法，他认为这个方法提供了简化经济世界的最为有效的工具。他相信数学在经济分析中的不可替代的巨大作用，在这个方面，他并未听从马歇尔的告诫。所以，贝克尔的经济分析是瓦尔拉斯的经济学认识论加上马歇尔的局部均衡论、萨缪尔森的数理经济学，以及弗里德曼的实证经济学方法论，综合而成的产物。

当然，贝克尔的方法，也是对以上四者的扬弃，首先他不再使用瓦尔拉斯一般均衡的巨大模型去处理一个具体的现实问题。第一，虽然他十分认同瓦尔拉斯对经济世界各种活动及其结果彼此联系相互依存的思想，但放弃了瓦尔拉斯处理具体问题的方法。第二，虽然他采用了马歇尔的局部均衡供求分析方法，却不赞同马歇尔在使用这一方法上的谨小慎微态度，而是选择了做得

译者序

彻底、干练和精致。第三，虽然他接受了萨缪尔森的数理经济学的建模方法，却更加强调经济学的思维和直觉在研究中的意义。他高度重视数学方法对经济分析方法的重要价值，却又不同意经济学的泛数学化。第四，贝克尔高度认同并完全接受了导师弗里德曼的实证经济学方法论的基本原则，但不同于弗里德曼着重于将经济分析方法运用于就业、物价和通货膨胀等宏观经济现象的研究，他选择了以人力资本问题为主线的一系列现实问题，如种族隔离、教育、生育、婚姻、时间分配以及犯罪和惩罚。在晚年则转向研究成瘾、说服、流行以及偏好参数的内生形成。这些问题都大大超出了弗里德曼的研究视野，却是实证经济学分析方法开疆拓土而占据的新领地。

显而易见，贝克尔的经济分析方法取得了公认的成果，而且也得到了更多的认可。因为他的工作，经济学从社会科学中一个与社会学、人类学、政治学等学科相区别的平行学科，变成具有方法论意义的更为基础、核心的学科。按照贝克尔自己的说法，就是经济学应该作为社会科学的"语法性学科"来看待。

认为经济分析提供了社会科学的语法学，这个认识决定了贝克尔及其追随者向经济学帝国主义者转化的必然性。

贝克尔本科就读于普林斯顿大学数学系，后在著名经济学家、芝加哥学派重要成员雅各布·瓦伊纳（Jacob Viner）的推荐下进入芝加哥大学，取得经济学博士学位，博士毕业后一度在哥伦比亚大学任教，最后返回到母校芝加哥大学并一直工作到生命结束。他是由芝加哥大学的文化和精神造就的社会科学大师，他身上体现了十分明显的芝加哥大学文化气质，特别是芝加哥经济学派的价值观和精神气质。他毕生学术研究的成果，绝大多数都已经公开发表，并取得重大的社会反响，这些成果为他赢得了无数的学术荣誉。作为弗里德曼的传人、芝加哥学派第三代学者的领袖，他也身体力行传承着芝加哥传统。他竭力将自己的生命和智慧奉献给热爱的经济分析事业和经济学教育事业。

　　贝克尔留下了一些重要的文稿，因为种种原因，没有发表。在他去世以后，他的学生鉴于这些文稿的重大学术价值，决定予以汇集整理成书。本书收录了贝克尔一些未发表的精彩作品。其中一些作品经过了润色，另一些则是贝克尔的原始作品。关于本书的相关内容及其在贝克尔学术体系中的价值，他的学生、哈佛大学爱德华·格莱泽（Edward Glaeser）教授评价道，"对许多读者来说，这些原始文章可能更有价值，因为它们能让读者更清楚地了解贝克尔的思考过程。这些文字最接近于让我们通过阅读文字，再次体验在工作坊中聆听贝克尔传授知识的情境，在那里他对研究论文的评价教会了一代又一代芝加哥博士生如何思考"。这个评价，我以为是中肯的。今天在经济学院的博士生培养过程中，比较强调让学生阅读经济学顶刊的高水平论文，却相对缺乏对顶尖经济学家如何思考问题的研讨。其实后者对于研究而言是更为重要的。由此可见出版本书的意义。

　　作为中国经济学从业人员，应该从运用自己的判断力，包容开放、博采众长，如此才能真正推进中国经济学的进步，早日形成具有自身特色、国际影响的经济学体系。

相信本书中文版的问世，会有助于中国经济学界进一步加深对贝克尔经济分析范式和分析技术的理解，也会有益于推进中国经济学的自主科学体系建设的历史事业。

罗卫东

序

　　加里·S. 贝克尔是一位耀眼的经济学家。他为他进入的每一个领域带去了思想的光芒。他的工作改变了经济学。他的教学和指导塑造了无数人的人生，也包括我的。

　　本书收录了贝克尔一些未发表的精彩作品。其中一些作品经过了润色，如第一部分中的两章演讲。另一些则是贝克尔的原始作品。对许多读者来说，这些原始作品可能更有价值，因为它们能让读者更清楚地了解贝克尔的思考过程。这些文字让我们再次体验在工作坊中聆听贝克尔的情境，在那里他教会了一代又一代的芝加哥博士如何思考。

　　贝克尔对我的人生有着最重要的思想影响。他的价格理论课程教会了初入研究生阶段的学生如何熟练制作自己的经济模型，而不是仅使用别人创建的模型。他的习题集给出文字询问，但要求用数学形式回答，要求新入学的博士生创造他们自己的代数表示，来描述我们周围复杂的世界。过去 20 多年来，我一直尽我所能，在哈佛大学为一年级博士生和为数不多的最有学术抱负的本科生提供类似的教学——这条道路是 1988 年在芝加哥大学时贝克尔为我设定的。

　　贝克尔的价格理论课程之所以如此令人振奋，是因为它让我们有能力创建自己的模型，还因为它打破了可能限制我们想象力的学科壁垒。比如，有一道期末考试题问，离婚后父母对子女的转移支付预期会增加还是减少。贝克尔被称为经济学家中的征服者，而乔治·施蒂格勒（George Stigler）本人也用贝克尔的工作来说明他关于经济学是"一门帝国科学"的主张。

不过贝克尔更像是一位解放者，他打破了限制经济学家想象力的障碍。贝克尔没有留下一片混乱，他的工作没有对社会学、政治科学或人类学造成任何伤害，这些学科继续使用自己的方法前进，从经济学中借鉴他们认为合适的方法。当不同领域的成员寻找跨学科的联系时，所有社会科学都会受益。

在这篇序言中，我将尽我所能，通过把贝克尔归入两个非常特殊的经济学家三人组，来介绍贝克尔的重要性。其中一个三人组有非常鲜明的政策取向，也包括他的导师米尔顿·弗里德曼（Milton Friedman）和他的朋友兼合作者乔治·施蒂格勒。这个芝加哥学派三人组共同提出了重新思考对经济进行公共干预的理由，这种干预同时受到凯恩斯主义者［如保罗·萨缪尔森（Paul Samuelson）和阿尔文·汉森（Alvin Hansen）］和早期进步主义经济学家［如约翰·贝茨·克拉克（John Bates Clark）和理查德·伊利（Richard Ely）］的赞同。第二个三人组由第二次世界大战后几十年间伟大的方法论革新者定义，其中也包括肯尼思·阿罗（Kenneth Arrow）和保罗·萨缪尔森。这组人将经济学转变为一门使用数学语言的学科，并将这种语言应用到人类存在的几乎所有方面。

我在序中试图做三件事。首先，将试图解释贝克尔在经济学方法论革新者（methodological innovators）中的地位。其次，将讨论他的工作所蕴含的政策视角。最后，将对本卷所收录的精彩文章发表自己的看法。

方法论革新者贝克尔

萨缪尔森的博士论文名为《经济分析基础》(*Foundations of Economic Analysis*)，为经济学带来了数学上的连贯性，自此以后，经济学领域便欣然接受了这种连贯性。没有任何一项工作或其他经济学家能如此彻底地改变这个领域的基本方法。在萨缪尔森之前，经济学家采用了大量的方法来描述市场。凯恩斯的《就业、利息和货币通论》(*The General Theory of Employment, Interest, and Money*) 出版于 1936 年，其含义自那时起就一直存在争议，部分原因是该书作者更倾向于以文字而非形式来呈现自己的观点。萨缪尔森之后，这个领域不可阻挡地转向了数学，包括无处不在的比较静态和广泛使用的优化工具。人们越来越期望，当经济学家选择用文字而非代数来呈现观点时，呈现者知道如何将观点转化为形式符号语言。

我选择将肯尼思·阿罗纳入这些方法论代表者的三人组中。1972 年诺贝尔奖授予阿罗的颁奖词强调了他是一般均衡理论 (general equilibrium theory) 两大奠基人之一以及他对相关福利定理 (welfare theorems) 的确切表达。这些确实是经济学家不可或缺的工具，对于试图把握经济或政策冲击如何波及整个系统的现代宏观经济学家来说尤为如此。经济学在理解任何单独个体的行动方面没有比较优势。我们领域的强项在于理解整个系统，而阿罗利用萨缪尔森提供的基石，推导出它们对整个经济的影响。

阿罗还应被赞誉为将信息问题引入经济学的创新者之一。20世纪60年代，他提出了现在被称为"阿罗信息悖论"（Arrow's Information Paradox）的观点，描述了向潜在买家描述一个想法时需要披露该想法的关键要素的情境。20世纪70年代，他与埃德蒙·费尔普斯（Edmund Phelps）一起提出了统计歧视的观点，认为种族或阶层可能被用作未观察到的个人属性的信号。他还指导了迈克尔·斯彭斯（Michael Spence）关于劳动力市场信号发送（labor market signaling）的博士论文，这篇论文本身就是不对称信息研究中的一个标志性事物。阿罗在他自己令人叹为观止的博士论文中描述了将个体偏好转化为全社会排序的困难。这个不可能定理既可以看作是对汇总的困难的反思，也可以看作经济学家研究政治学的早期尝试。

贝克尔没有在经济学中引入形式的优化技术，也没有开发新的数学工具。然而，他在方法论上的贡献却是领域性的。他摒弃了将经济学限制在有限主题或问题上的任何尝试。《人类行为的经济分析》（*The Economic Approach to Human Behavior*）的导言堪称"贝克尔革命宣言"，在前几段中他反对诸如"满足物质需要的物质产品的分配"、"市场领域"或"稀缺资源如何在各种可供选择的目标之间进行分配"的学科定义。相反，他写道，"在

序

我看来，最大化行为、市场均衡和偏好稳定的综合假定不折不扣地运用，便构成了经济分析的核心"。

这些假定可以用来理解金融市场，但也可以用来理解离婚、谋杀或种族歧视。在贝克尔写下这些话后的几十年里，经济学家们的确在不同的主题间"快乐地游荡"。其中伊莱·伯曼（Eli Berman）和劳伦斯·扬纳科恩（Laurence Iannaccone）等人探讨了宗教教派和发送出对神明虔诚的信号。史蒂文·莱维特（Steven Levitt）研究了相扑选手和芝加哥教师中的作弊行为。当经济学家研究自杀、成瘾、暴乱、战争、慈善和身份等非传统话题时，归根结底他们在沿着贝克尔开辟的道路前进。

从某种意义上说，贝克尔有两个前辈：萨缪尔森和弗里德曼。贝克尔对萨缪尔森的借鉴应该从他对"最大化行为"和"市场均衡"的强调中可见。萨缪尔森的《经济分析基础》将最优化的数学置于经济理论的核心地位，最大化行为成为萨缪尔森之后几乎所有经济理论的内在要求。萨缪尔森也研究了市场均衡的经济学，阿罗则在这方面做了更深入的工作。

但与萨缪尔森或阿罗相比，贝克尔的工作有着更具经验性的一面，这与弗里德曼的联系更为紧密。弗里德曼是贝克尔成长为经济学家的过程中的核心人物，而贝克尔是弗里德曼最出色的学生。1953年，当贝克尔还在读研究生的时候，弗里德曼发表了《实证经济学方法论》（ *The Methodology of Positive Economics* ），作为他自己的方法论宣言，这堪比贝克尔的《人类行为的经济分析》的导言。在这篇文章的结尾，弗里德曼总结道："经济学作为一门实证科学，是由一系列能够对条件变化作出预测，可以暂时被接受的归纳组成。""实证经济学的进步不仅需要既有假说的检验和完善，而且还有赖于新假说的创立。"

在这里，弗里德曼似乎是在导入卡尔·波普尔（Karl Popper）的《科学发现的逻辑》（*Logic of Scientific Discovery*）中的观点，该书教导人们，所有科学都是通过提出和拒绝假说（hypotheses）来前进的。弗里德曼后来告诉一位采访者："我个人在 1947 年朝圣山学社（the Mont Pelerin Society）第一次会议中的主要收获之一，就是见到了卡尔·波普尔，并有机会与他进行一些长时间的讨论，这些讨论根本不是关于经济政策，而是关于社会科学和物理科学的方法论"，以及"那次谈话在我后来的文章《实证经济学方法论》中发挥了不可忽视的作用"。这个故事展示了突破是如何从几乎偶然的面对面会谈中产生的。它还展示了弗里德曼是如何逐渐将经济学视为由其科学方法定义，而非由其主题定义的。

但弗里德曼本人继续主要研究经济学核心主题，如货币政策和消费。正是 23 岁的研究生贝克尔意识到，如果经济学由其方法定义，而不是由其主题定义，那么一个全新的世界就打开了。1952 年，贝克尔已经撰写了《竞争与民主》（*Competition and Democracy*）的早期版本，利用产业组织的工具来思考民主的运作。这篇文章确实有一个重要的先例。霍特林（Hotelling）利用

序

他的市场竞争模型预测了"共和党和民主党之间的选票竞争"导致双方"使自己的政纲与对方尽可能地相似"。

然而，霍特林实际上只是想展示其模型的广泛适用性，而不是做出关于政治制度运作的严肃预测。贝克尔提出了一个逻辑上连贯的论点，即政党和候选人中的自由竞争通常会导致其制定出吸引大量选民的政策，但"垄断和其他不完美在政治部门的重要性至少与在市场领域的重要性相同，或许还要大得多"。这一结论有助于塑造贝克尔对芝加哥学派政策视角的贡献。在此处，我只想强调，贝克尔正在摸索着将经济学工具应用于理解政治。

贝克尔关于种族歧视的博士论文与传统的经济学主题有了更大的不同。尽管可怕的种族分裂和不平等是 20 世纪 50 年代关于美国的最引人注目和令人不安的事实，经济学家们并没有在他们的期刊上发表有关种族歧视的文章。

贝克尔抓住了这一主题的重要性，并认为经济学工具可以对歧视及其未来做出预测。他首先假定歧视反映了白人雇主、员工和顾客的种族主义喜好。非标准偏好成为贝克尔工作的标志性部分。他从经济人入手，然后加入种族主义、利他主义等。

相比之下，贝克尔对人类认知的弱点兴趣不大，他通常假定无可挑剔的最大化。经过几十年的事后思考，我不太确定，相较于对偏好采取更简洁的方法和对智力错误持有更开放的态度相结合，对偏好建模的宽容态度和对人类推理的绝对严格相结合，是否能产生更好的预测。贝克尔的模型得出的预测与统计歧视模型得出的预测截然不同，在统计歧视模型中，雇主拒绝雇用非裔美国人是因为他们理性而正确地认为各人种之间存在生产率差距，但如果被雇用的边际上的非裔美国员工的生产率高于被雇用的边际上的白人员工，那么数据就支持贝克尔的观点。

然而，在贝克尔的模型中，那些不喜欢非裔美国人的雇主，与那些错误地认为非裔美国人在工作场所制造麻烦的雇主在行为上是相同的。在这种情况下，一位新的非裔美国员工的生产率可能确实高于其白人同事。与贝克尔基于喜好的模型不同，基于错误信念的模型需要解释为什么追求利润的企业不费心去了解真相。然而，即使是这种批评也可以成为一种优势，因为它为基于错误的歧视模型生成了一个额外的可证伪预测：当错误信念的成本更高时，歧视就不会那么普遍。因此，基于员工或客户信念的歧视可能比基于雇主信念的歧视更持久。

当然，这种逻辑只是对贝克尔自己关于雇主、员工和客户歧视分析的一个小变体。最优化的基本数学意味着，不考虑种族的雇主在最大化利润时，会比既最大化利润又考虑其他一些歧视性目标的雇主获得（至少不低于）更高的利润。在竞争激烈的环境中，这会导致有种族主义倾向的雇主破产，但如果雇主拥有物理资本或企业家资本，并且愿意接受较低的资本回报，那么雇主的种族主义倾向就很容易持续存在。员工和客户的种族主义偏好更可能导致工作场所和商店的种族隔离，并可能在均衡状态下无限期地持续存在，除非有法律行动禁止这种隔离。

序

经济学家并非从未思考过种族隔离问题。冈纳·缪尔达尔
（Gunnar Myrdal）于 1944 年出版了他的巨著《美国的困境：黑
人问题与现代民主》（*An American Dilemma: The Negro Problem
and Modern Democracy*）。缪尔达尔拥有经济学博士学位，并在
经济学期刊上发表过重要论文，但对他来说，"经济视角"更像
是"金钱视角"的同义词，而不是暗示任何特定的方法论。因
此，尽管《美国的困境》被公认为一部社会科学巨著，开启了人
们对种族隔离弊端的认识，但很少有评论家将该书定义为经济学
著作。

贝克尔在研究种族隔离之后，又发表了关于教育、生育、婚
姻、时间分配以及犯罪和惩罚的开创性论文。在后来的岁月里，
他又转向研究成瘾、说服、流行以及偏好参数的内生形成。他的
工作范围也由本书收录的文章所说明。他鼓励学生研究任何看起
来有趣和重要的主题，而经济学界也开始广泛接受贝克尔的框
架，即接受对经济学家的方法论的限制，而非主题的限制。

虽然贝克尔主要是一位理论家，但他的主要工作都直面现实
世界，其中许多都包含数据。他关于教育的代表作《人力资本》
（*Human Capital*）于 1964 年出版，内容中充满了大量事实，这
些事实既激发了他理论的出现，也检验了他的理论。他的《生育
的经济分析》（*An Economic Analysis of Fertility*）于 1960 年发表，
其中包含 5 个数据表格，并将其模型的最大化问题限制在一个脚
注中。贝克尔从未动摇过他的观点，即经济理论的意义在于理解

人类状况。

　　贝克尔的许多重要文章的第二个共同特点是，检验了改变预算集的影响。最重要的是，他采纳了一种时间预算集，它伴随着更常见的财务预算集。在应用瓦尔拉斯定律（Walras's Law）后，产生了一个单一的预算集，其中购买商品和在工作场所之外的时间的总成本必须少于将所有时间都用在工作上所能挣得的收入。他的研究《论子女数量与质量之间的相互作用》（*On the Interaction between the Quantity and Quality of Children*）强调，随着父母希望在子女身上投资的数量增加，子女的有效价格会增加。因此，对受过良好教育的后代的需求增加，往往会减少这种后代的数量。

　　在贝克尔关于预算集的奇思妙想中，我最喜欢的例子之一是他对通勤成本的分析，随着收入增加，通勤成本会上升，因为时间的机会成本会随着工资水平的增加而上升。这就得出了他的著名结论："当且仅当住房需求的收入弹性大于 1 时，收入的增加会增加通勤时间。"贝克尔随后利用"在美国大都市地区，高收入家庭往往住在离中心城市较远的地方"这一事实，来说明"户外空间是一种'奢侈品'"。随后的研究发现，拥有土地对收入的弹性通常远小于 1。然而，在一个包含不同交通方式的模型中，当我们注意到富人通常住在离市中心较近的地方时，并能控制通勤方式时，贝克尔的见解就得到了证实。

　　贝克尔的经典著作还有一个更难以捉摸，尤其难以再现的方

序

面。萨缪尔森启发下的模型的基本结构从关于最大化行为的假定出发，施加均衡条件，然后通过比较静态得出预测。当然，贝克尔也是这样做的。《人力资本》中有一个特别迷人的脚注，说的是人力资本投资应该随着预期寿命的延长而增加，这一启发解释了众所周知的马戏团要花大量时间来训练大象的现象。然而，这些论文往往从模型中抓住一种并非来自比较静态的见解。

具有歧视性偏好的聘用者总是比只试图最大化利润的聘用者赚得少，就是这种见解的一个例子。贝克尔基于逻辑而非微分提出见解的另一个例子是，他在《犯罪与惩罚：经济分析法》（ *Crime and Punishment: An Economic Approach* ）一文中长篇大论地提倡，用罚款这种转移支付方式取代代表纯粹社会损失的监禁时间。贝克尔在《家庭论》（ *Treatise on the Family* ）中提出的"坏孩子定理"（The Rotten Kid Theorem）提供了另一个例子。这个定理阐释，如果父母对子女足够宠爱，那么即使是最自私的子女也会在一定程度上关心父母的福祉，因为父母的财富会转化到子女的福祉中。

在贝克尔的手中，代数获得了生命，成为人类互动的生动代表。他从代数中获得了很多洞见，因为他从未将其视为代数。在他的模型中，这些都是人，他从未停止思考他们将如何尝试改善自己的处境。他在方法论上的伟大之处在于，他充分掌握了建立经济模型的力量，从而增进我们对人类存在的每一方面的理解。

规范性的加里·贝克尔

第二次世界大战后的几十年间，芝加哥大学经济系同时作为卓越的知识创造力基地和支持自由市场的"堡垒"而闻名于世。贝克尔也是几十年来与弗里德曼和施蒂格勒共同建立并维护这一声誉的经济学家三人组之一。弗里德曼是芝加哥学派的公众形象代言人，他的专栏、书籍和电视节目被数百万人阅读和观看。贝克尔、施蒂格勒，对实际政府行为的经济分析做出了更多贡献。

至少从亚当·斯密时期开始，人们就通过赞扬市场的优点和指出公共部门的失败来为经济自由辩护。斯密曾写过这样一段名言：每个利己的普通人都会受着一只看不见的手的指导，去尽力达到一个并非他本意想要达到的目的，因此他追求自己的利益，往往使他能比真正出于本意的情况下更有效地促进社会的利益。斯密指出，当我们努力致富时，我们提供了人们需要的商品和服务，从而促进了普遍福利。这代表了支持自由市场的实证论据的核心要素。

但斯密也敏锐地意识到了公共部门的局限性。他是苏格兰启蒙运动（the Scottish Enlightenment）的一员。斯密曾写过这样一段名言："由此可见，英格兰王公大臣倡言要监督私人经济，节制铺张浪费，实是最放肆、最专横的行为"，因为他们自己始终无例外是社会上最浪费的阶级。斯密并没有将私人个体的完美决策作为主张有限政府的论据。相反，他认为公共决策者的决策能

序

力特别差。自斯密以来，主张有限政府的论据都是基于市场的优势和政府的缺陷，弗里德曼曾雄辩地阐述了前者，施蒂格勒曾在著作中描述了后者。

在弗里德曼来芝加哥大学学习经济学之前，芝加哥大学经济系就有保守主义元素。J. 劳伦斯·劳克林（J. Laurence Laughlin）领导了该系最初的 24 年。劳克林从哈佛大学来到芝加哥，他曾是哈佛大学第一位政治经济学（political economy）教授弗兰克·邓巴（Frank Dunbar）的门生。劳克林赞同邓巴对金本位制（gold standard）的"保守"观点。邓巴被引进到哈佛是为了提供一种健全货币的替代方案，以取代弗朗西斯·鲍恩（Francis Bowen）的观点，鲍恩教授了哈佛的第一门经济学课程，并因支持宽松的货币政策而疏远了富有的捐赠者。因此，芝加哥大学经济系在教学上有像弗里德曼这样的通货膨胀货币政策反对者的根源。

与贝克尔、弗里德曼和施蒂格勒一样，劳克林也希望芝加哥拥有最优秀的经济研究人员，无论他们的政治或政策观点如何。反传统的托斯丹·凡勃伦（Thorstein Veblen）是该部门的早期成员，但这里也有主张有限政府的声音。雅各布·瓦伊纳（Jacob Viner）在 1916 年来到芝加哥，当时劳克林即将卸任，他提供了和贝克尔、弗里德曼和施蒂格勒的关键联系。瓦伊纳曾在哈佛大学师从弗兰克·陶西格（Frank Taussig），陶西格是弗兰克·邓巴的另一位硬通货门徒。

家庭经济学

在芝加哥，瓦伊纳给弗里德曼和施蒂格勒上了标志性的价格理论入门课程，这门课程后来由弗里德曼和贝克尔任教。瓦伊纳也是 20 世纪 30 年代反对凯恩斯主义的最成功的知识分子之一，他的怀疑态度会传递给他的学生。瓦伊纳搬到普林斯顿后，他教过当时还是本科生的贝克尔并指导过他。贝克尔发表的第一篇论文《关于多国贸易的文章》（*A Note on Multi-Country Trade*）中，有很多地方都引用了瓦伊纳的论文，瓦伊纳在这位年轻经济学家的成长中显然发挥了巨大作用。

虽然瓦伊纳是这三位芝加哥学派代表人物（还有萨缪尔森）的老师，但他们在主张有限政府的思想论证中扮演的角色与瓦伊纳截然不同。弗里德曼在这一领域最重要的贡献可分为两大类。第一，他对宏观经济学做出了开创性的贡献，反击了处于凯恩斯干预主义核心的积极财政和货币政策。第二，他更受欢迎的著作，包括《资本主义与自由》（*Capitalism and Freedom*）和《自由选择》（*Free to Choose*），都大力宣扬自由市场的优点。

弗里德曼的《消费函数理论》（*A Theory of the Consumption Function*）迫使经济学家更清楚地思考消费决策如何联系到跨期最优化。该书还从理论上得出结论，并从经验上证明，对收入的暂时性冲击，如经济衰退期间的政府转移支付，花多少就会被储蓄起来多少。这一发现使人们对政府在衰退期间仅靠发放现金来平滑商业周期的能力产生了怀疑。

弗里德曼和安娜·施瓦茨（Anna Schwartz）的《美国货币

史》（*Monetary History of the United States*）对美国货币供应与商业波动之间的联系进行了全景式的概述。该书表明，通常由美国联邦储备委员会（Federal Board）自己选择的限制性的货币供应政策，是"工业生产严重收缩"的罪魁祸首。这些事实支持了弗里德曼的观点，即正确的货币政策是主要针对货币供应量增长的有限货币政策。

这一观点也与他在1968年美国经济学联合会（American Economic Association）会长演讲中提出的论据高度一致，即货币政策"不能在有限时期之后钉住利率"。弗里德曼认为，暂时性的非预期的通货膨胀确实可以通过降低聘用者的劳动力实际成本来暂时降低失业率，但如果通货膨胀成为永久性的，它就会融入工资增长中，而不会产生实际影响。这一论点直击菲利普斯曲线（Phillips Curve）这个主流凯恩斯主义宏观经济学的核心部分。事实显示，弗里德曼的观点在20世纪70年代的"滞胀"（stagflation）中得到了很好的证明，其间高通货膨胀率伴随着高失业率。

这三点贡献改变了宏观经济的正统观念，但弗里德曼更广泛的研究则更普遍地论述了市场的优点。例如，在1946年与乔治·施蒂格勒合著的《屋顶还是天花板》（*Roofs or Ceilings*）一文中，弗里德曼主张使用价格机制来分配住房，因为"在自由市场上，总有一些住房可以在所有租金水平上立即出租""租金价格抬高迫使一些人节约空间""高租金对新建设起到了强烈的刺激作用""配给是通过价格体系悄无声息地、非个人化地实施的"。弗里德曼和施蒂格勒可能会补充说，价格体系还将住房分配给那些最重视住房的人。弗里德曼通过电视节目《自由选择》（*Free to Choose*）产生了更大的影响。数百万人观看了弗里德曼赞扬自由市场的优点，在自由市场中人们和企业可以做出自己的决定。《自由选择》可能是里根革命（Reagan Revolution）最重要的思想基础。

施蒂格勒的主要领域是产业组织而非宏观经济学，他对公共部门的不耐烦也随着时间的推移而发展。贝克尔在 1991 年《商业周刊》（*Businessweek*）上发表了对施蒂格勒的赞赏，标题是《看到曙光的托拉斯反对者》（*A Trustbuster Who Saw the Light*）。产业组织始于市场缺陷（如垄断力量）中的利益关系，因此，施蒂格勒并不是自由市场的忠实拥护者。相反，他是一位睿智的、对政府持怀疑态度的观察者，他在管制方面的研究与上述引用的亚当·斯密的话如出一辙，都怀疑公共决策的完美性。

例如，施蒂格勒在 1951 年写道："垄断是一个狡猾的东西，只有通过制造电缆，美国铝业公司才能在与铜竞争时以低于铜锭的价格出售电缆，同时在竞争力较弱的产品上维持较高的价格。"施蒂格勒对历史很有研究，他不会质疑亚当·斯密的观点，即"同业中人甚至为了娱乐或消遣也很少聚集在一起，但他们谈话的结果，往往不是阴谋对付公众便是筹划抬高价格。"施蒂格勒在《寡头垄断理论》（*A Theory of Oligopoly*）一开始就承认，"寡头垄断者希望串谋从而最大化联合利润"。然而，他清楚地看到，监管可能会更糟。

施蒂格勒早期反对管制的作品记录了管制措施的危害，但并未体现出公共动机的完整理论。在《屋顶还是天花板》一文中，施蒂格勒与弗里德曼一起得出结论："因此，租金天花板会造成空间分配的杂乱无章和任意、空间利用效率低下、新建设的迟滞和租金天花板的无限期延续，或者对新建设的补贴和未来住宅建筑的萧条。"下一句话表明了施蒂格勒对政府日益不信任："公共权力机构的正式配给可能会使情况变得更糟。"1946 年，施蒂格勒在《美国经济评论》（*American Economic Review*）上就最低工资问题发表文章，认为"法定最低工资会减少总产出，而且会减少那些以前收入远低于最低工资的员工的收入"。他后来关于电力管制的经验研究未能"发现管制电力设施的任何重大影响"。

然而，施蒂格勒从一个记录管制缺陷的编年史家转向了研究监管的起因。施蒂格勒在《经济管制理论》（*The Theory of Economic Regulation*）中写道："一般来说，行业获得管制权力，其设计和运作主要是为了行业的好处。"施蒂格勒提供了政治竞争的早期经济分析，并得出结论，认为"强烈地感到需要某项特定政策"的"少数人"，如产业集团，"即使通过正常、合法的民主程序，可以支付足够的价格来获得该政策"。施蒂格勒的诺贝尔奖颁奖词在第一段中指出，他"对导致管制立法的力量的研究开辟了一个全新的经济研究领域"。20 世纪中叶的芝加哥学派有足够的空间容纳弗里德曼对私人市场优点的乐观颂扬，以及施蒂格勒对公共动机的怀疑。

在普林斯顿大学，贝克尔曾是瓦伊纳的学生。在芝加哥大学，他是弗里德曼最出色的博士生。之后他离开芝加哥前往哥伦比亚大学与施蒂格勒相聚，但就在贝克尔抵达纽约的那一刻，施蒂格勒又回到了芝加哥。1970年贝克尔返回芝加哥后成为施蒂格勒的同事和合作者。他们被引用最多的合作论文《趣味无可争辩》（*De Gustibus Non Est Disputandum*）（拉丁语格言），相类"萝卜青菜，各有所爱"。这篇论文提出了一个非常具有贝克尔方法论意义的观点，即"喜好既不会任性变化，也不会在人与人之间有重大差异"，因此，"经济学家继续寻找价格或收入的差异，以解释行为上的任何差异或变化"。他们通过展示"成瘾、习惯行为、广告和时尚"如何与效用最大化和稳定偏好相容来说明这一点。

他们在1973年撰写了另一篇重要文章《执法、渎职和执法者的报酬》（*Law Enforcement, Malfeasance, and Compensation of Enforcers*）。从某种程度上说，这篇文章是贝克尔之前关于犯罪与惩罚经济学研究工作的自然延续。在那项研究工作中，贝克尔并没有认真思考过"执法者的勤勉和诚实"，但在施蒂格勒关于监管者如何被其行业俘获的洞见下，提出警察如何被罪犯"俘获"的问题也就很自然了。与贝克尔的早期工作一样，该文的焦点更多的是规范性而非实证性，为如何设计警察薪酬以减少贿赂和腐败提供了指导。

序

这篇论文在激励理论和机制设计史上具有里程碑意义。在斯蒂文·沙维尔（Steven Shavell）和本特·霍尔姆斯特伦（Bengt Holmström）写下关于委托代理理论的开创性论文之前，贝克尔和施蒂格勒就在研究如何通过工资结构来改善员工表现。1974年，贝克尔和施蒂格勒实际上开启了现代关于效率工资的文献。降低警察对腐败的易感性的方法是"将执法者的工资提高到他们在其他地方所能得到的水平之上"，因为这样一来，被开除出警察队伍的威胁"足以抵消渎职所带来的收益"。他们写下了一个动态规划模型并用逆向归纳法求解，超越了这个简单的见解。为了以最小的纳税人成本为警察提供激励，他们得出结论："适当的薪酬结构由三部分组成：'入场费'，相当于渎职的诱惑；就业期间每年的薪资溢价，约等于'入场费'所产生的收入；以及退休金，其资本价值也约等于渎职的诱惑。"1979年，爱德华·拉泽尔（Edward Lazear）采用"良好行为可以通过后付工资来强制实施"这一观点，解释了为什么如此多的公司曾经有强制性的退休规定。

弗里德曼曾亲自辅导过罗纳德·里根（Ronald Reagan），施蒂格勒在引起20世纪70年代末和80年代的放松管制上发挥了重要作用，而贝克尔则不同，他更多的是通过教学和其研究的长期影响来间接地影响政策。他较少直接参与到政策相关的较量中，而且他研究的是经济学家很难有最终决定权的主题。吉姆·克劳法下的南方各州（The states of the Jim Crow South）不会在读了贝克尔的论文后得出他们应该结束歧视的结论。社会也不会因为贝克尔的模型所得出的一夫多妻制实际上通常对女性有益的结论而改变习俗。经济学家在只有经济学家研究的领域中最有发言权，比如宏观经济学和产业组织，而贝克尔的伟大任务是利用经济学工具来理解更广泛的人类行为。

然而，贝克尔关于犯罪与惩罚的研究最终还是成为公众话题的一部分。事实上，他在芝加哥学派中最重要的角色来自他对政治和政府的研究。监狱可以改造人的观点逐渐失去了影响力。在20世纪80年代，人们越来越认识到需要采取强有力的激励措施来遏制犯罪。史蒂文·莱维特等经济学家都是在贝克尔的影响下参与到有关犯罪的讨论中。

贝克尔在1985年才进入公众视野，当时他作为经济学评论员四人轮换阵容的一员，开始为《商业周刊》撰写月度专栏。这些专栏使得贝克尔能就各种话题发表评论，他的公众发言与施蒂格勒或弗里德曼有些不同。毫无疑问，贝克尔"反对大政府和中央计划"，但也赞成"出售合法移民权"和"打击拖欠子女抚养费的父亲"。他同意弗里德曼关于市场有很多优点的观点，也同意施蒂格勒关于公共部门做错了很多事情的观点，但他比两位导师中的任何一位都更关心如何通过激励的力量使政府更加有效。

受贝克尔教学的启发，我一直认为经济学的核心有三个基本公理。其中一个公理是规范性的，即扩大人们的选择集（expand people's choice sets）是可取的：自由是好的。从某种意义上说，这个公理是米尔顿·弗里德曼的公共信息的核心。另外两个公理是实证的：激励对行为有影响，天下没有免费的午餐。虽然贝克尔对无套利均衡的含义很感兴趣（比如在婚姻市场中），但他更感兴趣的是，人类生活的方方面面如何与人们面临的有效价格联系在一起。他博士一年级的课程名为价格理论（Price Theory），从第一堂课开始他就明确指出，某物的价格所意味的远不止金钱。

贝克尔对激励力量的信心推动了他关于犯罪与惩罚的研究，这也是贯穿其《商业周刊》专栏的主题。极端的自由主义者完全接受了施蒂格勒关于公共部门问题的观点，却对赋予国家施加极端惩罚的能力避而不谈。贝克尔赞成"对极端犯罪进行严厉惩罚，尤其是使用枪支的犯罪"。他赞成通过强有力的激励来遏制犯罪，相信对执法人员施加强有力的激励可以遏制国家的渎职行为。例如，他建议法官的任期可以延长，这样表现不佳的结果是被解聘。

从某种意义上说，他比弗里德曼和施蒂格勒更致力于如何让政府变得更好，而他们两人都更关注如何让政府变得更小。贝克尔在20世纪80年代中期才开始直接参与到政策倡导中，当时罗纳德·里根已经入主白宫，有限政府的主张已经深入人心。当然，贝克尔的确在早期经常主张减少管制和将公共服务私有化。但他也主张通过激励来改革政府。

移民是贝克尔最喜欢的话题之一，他有明确的政策建议。贝克尔认为，美国和欧盟福利制度的慷慨使得开放边界变得不切实际，因为"相当一部分人试图通过迁移来利用政府提供的福利和其他经济商品"。在他看来，福利创造的激励会同时吸引数量过多的移民和倾向于公共福利而非工作的移民。相反，贝克尔认为，出售签证可以吸引"有技能的人、年轻人和那些想要向国家做出长期承诺的人"。价格的力量可以让政府更有效率。

贝克尔对使用价格来配给稀缺资源（如捕鱼权）也颇有自信。在 1995 年的一篇专栏中，贝克尔认同环保主义者提出了一个有说服力的理由，即限制捕捞有助于恢复鳕鱼角沿岸的"条纹石斑鱼"数量。他认为，马萨诸塞州不应该通过规定商业配额来限制捕捞，而是应该向渔民收取渔获费用。该专栏的标题用副标题《对渔获量征税》（*Tax the Catch*）回答了如何遏制过度捕捞这一问题，贝克尔实质上赞同对过度捕捞造成的外部性征收庇古税。他的另一篇专栏标题为《不要提高饮酒年龄，提高税收》（*Don't Raise the Drinking Age, Raise Taxes*），主题与此类似。顽固的自由主义者通常反对在捕捞或饮酒上逐渐增加的限制，部分原因是出于施蒂格勒式的担忧，即担忧公共部门会滥用任何给它的工具，但贝克尔接受公共干预，只要它采取的是激励而非数量监管的形式。

贝克尔在改革公共部门上的信念也许在他的文章《联邦薪酬：只有自上而下的改革才能奏效》（*Federal Pay: Only Top-to-Bottom Reform Will Do*）中最为明显。他认为，"我们需要对联邦薪酬结构进行全面改革""联邦薪酬应该由吸引可胜任的人才所需的成本决定，而不是由预算赤字的大小决定"。他大体上支持"四年一度的委员会关于提高政府高级官员薪酬的建议"。他认为政府是一个需要有效管理的组织，因此赞同支付能吸引有效领导的薪酬。他再次主张正确定价，并承认有必要超越简单的公共部门缩减。

我不想夸大贝克尔与弗里德曼或施蒂格勒的不同之处。他的大多数专栏都主张有更小的政府，而不是更好的政府。他希望正确定价，而大多数时候公共干预与这一目标背道而驰。

本书的计划

本书从贝克尔的两次公开演讲开始。第一章是贝克尔在获得布拉德利奖（Bradley Award）时发表的一篇较为一般性的演讲。这篇文章展示了贝克尔如何理解他在犯罪、歧视和人力资本方面的研究成果所产生的深远影响。第二章演讲特别强调了他与芝加哥大学的联系。

第二部分包含四章关于偏好的文章。第三章的篇幅最长，涉及家庭中的偏好形成。内生化偏好是贝克尔在20世纪90年代初的一大抱负，这与凯西·B. 马利根（Casey B. Mulligan）和他们的共同研究尤为相关。在某些情况下，马利根和贝克尔思考的是个体偏好的形成，但在本文中，贝克尔关注的是父母在子女偏好上的投资。他考虑了一种只让子女更快乐，但几乎没有什么作用的正投资。我猜想，这种"爱"的投资出现在本文中，是为了让父母的偏好形成所带来的不只是让子女不快乐。

主要的偏好形成在于"愧疚形成"，它减少了子女的福利，但会增加他们未来将资源转移给父母时的回报。这种偏好形成可以解决不完全契约问题。如果人力资本投资的回报率很高，那么就会出现一种有效的交易，即父母在子女的教育上大量投资，子女则在成年后报答父母。然而，父母无法强制子女报答，因此他们最终会为自己的退休储蓄，而不是投资在子女身上。而愧疚能确保子女报答父母，从而解决这个问题。

这是我在本书中最喜欢的一篇文章，部分原因是它基于纯粹的贝克尔式的价格理论，部分原因是它具有真正的经验的倾向。如果有读者想进一步开展这项工作，我会推荐他们参考心理学中研究童年情绪发展的经验文献。父母的偏好形成仍是一个活跃的研究领域。

第四章同样关注对他人效用函数的投资。在这篇文章中，贝克尔研究的是理性的灌输和说服，他的重点再次放在导致行为者投资于灌输的激励上。贝克尔的"行为经济学"方法强调市场激励与人类心理之间的互动。关键不在于我们能否被说服，而在于在均衡状态下谁最终说服了我们。

由于贝克尔强调市场，他倾向于对说服和灌输的技术做出简化的假定。他只是假定，只要付出足够的努力，效用函数就可以被改变。这是一个合理的建模选择，但这种专业性却走向了另一个方向。说服和灌输被认为是指改变信念，而不是改变偏好。一些说服模型仍然像贝克尔一样，继续假定人们理解并正确使用概率法则。其他理论家则越来越认为，人类认知的缺陷要大得多，这使得说服者能够持久传播错误的观念，比如对特定种族的错误观念。

即使在他关于歧视的博士论文中，贝克尔也对信念持有强硬的态度，他一直认为信念是超理性的，但对偏好却持有宽容的态度，偏好可以采取几乎任何形式。将歧视、说服和广告视为塑造没有固定形状的效用函数，这种做法的弱点在于没有来自人类思维技术的启发。现代文献用某种信念更新模型在微观上刻画这些现象，得出了关于哪些形式的错误更容易产生和持续存在的更多预测。然而，要真正面对这个世界，这些文献必须更多地效仿贝克尔，关注错误的均衡供给。

第五章包含一些关于毒品政策和理性成瘾的有用文章。这些文章中最新颖的地方是贝克尔关注毒品补偿中的同伴压力以及毒品市场多重均衡的可能性。贝克尔探讨了青少年吸毒的问题，贝克尔自由主义的局限性在这篇文章中显而易见。

第六章探讨了喜好权力对组织内部锦标赛的影响。同样，贝克尔只是假定了对权力的喜好。我想在现代有关契约和组织的研究中，更自然的做法是假定"权力"赋予了一种分配工作场所便利设施的非契约性的能力。在这种处理方法下，员工重视权力并不是因为它有内在价值，而是因为它在实现好处、利益方面有工具性。当然，我们中的大多数人可能确实从内在上认为权力有价值。此外，工具性的权力利益对锦标赛设计的影响也适用于贝克尔的内在利益模型。

贝克尔的论文围绕着这样一个问题展开：既然员工应该会愿意为了更多的权力而接受较低的工资，那么组织为什么要向权力更大的员工支付更多呢？这个问题是标准的补偿性差异问题的一个变体：为什么便利设施更好的工作能获得更高的工资？同样，其逻辑是员工愿意为了更好的便利设施而接受较低的工资。对这个问题最经典的回答是，能力更强的员工可以获得更高的工资和更好的便利设施，在关于权力的问题上，这个回答在很大程度上可能是正确的。事实上，只要便利设施是一种正常的商品，那么较富裕的员工就应该会愿意为了包括权力在内的在职好处而放弃更多的收入。

贝克尔在这篇文章的第一页就提出了这个观点，然后又着重论述了一个完全不同的观点。在效用函数中，如果权力和收入是互补的，那么企业可能希望通过抽签的方式，让一些员工获得高工资和高权力，而另一些员工则没有。这是伯格斯特龙（Bergstrom）观点的一个变体，其观点是如果对于士兵来说收入的边际效用较低，那么抽签征兵可能是最优的。贝克尔非常喜欢这个观点，并确信它能解释一些重大问题。我不确定这是否能解释支付给公司总裁的高薪，但我同意，财富与不同属性、地点或雇主之间的互补性可以解释某些形式的冒险行为。

序

本书第三部分聚焦于人力资本和时间分配。这一部分的第七章是 1957 年的一篇关于军队是否应该花钱培训技术人员的文章。1957 年夏天贝克尔为兰德公司（RAND Corporation）撰写的这篇文章具有里程碑式的意义，因为它展示了贝克尔关于人力资本理论和不完全契约的思想雏形。这篇论文的起因是，通过军方获得重要技能（如驾驶大型飞机的能力）的士兵离职率很高。这篇文章认为，军队应通过降低员工工资，让他们为培训付出一部分成本，并从外部招募更多的技术人员。

这篇论文与贝克尔后来关于人力资本的研究之间的联系显而易见，特别是他后来对企业特定的人力资本和一般的人力资本的区分。贝克尔被正确地认定为不完全契约执行文献的先驱，因为他认为，提供一般人力资本的企业冒着他们训练有素的员工流失到其他聘用者手中的风险。这篇文章表明，这一观点来自经验观察，正是贝克尔努力解决军队人事问题，使他认识到了承诺留在一家企业的能力所带来的问题。

本书第八章在大约 50 年后回顾了贝克尔在时间分配方面的研究成果。第九章将时间分配理论与针对物质资本和人力资本冲击的最优保险联系起来。关键的假定是，每个单位的消费是用 a 单位的收入和 c 单位的时间生产出来的。在这种情况下，一个个体的工资为 w，总时间为 t 单位，非劳动收入为 v 单位，该个体一共可以消费 $(w_t + v) / (w_c + a)$ 个单位。

引入时间对物质资本或 v 受到冲击时的隐含最优保险没有任

何影响：能获得公平保险意味着全额保险。如果冲击影响的是 w 而不是 v，并且对家庭生产率没有影响，那么家庭就会对冲击"过度保险"，也就是说，如果负向冲击发生了，家庭的福利会更高。这个结果反映了这样的事实，即在负向冲击的情况下，较低的工资使得购买商品的成本实际上更低。相反，如果对工资的冲击对家庭生产率有着同等影响，那么全额保险是最优的。

这一结果与状态依赖的偏好和保险的一般代数有相似之处，即只有当冲击在本质上是金钱性质时，全额保险才是最优的。没有影响金钱边际效用的负面冲击不会导致保险。导致金钱的边际效用下降的负面冲击，或许是孩子的死亡，应该会导致负保险，因为金钱在好的状态下比在坏的状态下更有价值。贝克尔的时间分配模型指出，时间价值的变化与状态依赖偏好如出一辙。

本书第十章和第十一章涉及技能回报的上升和代际流动性。正如编者在该部分的介绍中明确指出的，这些论文的动机部分程度上来自艾伦·克鲁格（Alan Krueger）的"了不起的盖茨比曲线"（Great Gatsby Curve），这个曲线将代际内的高不平等与代际间的较低的向上流动性关联起来。顺便说一句，我想提醒读者，《了不起的盖茨比》中的主人公，杰伊·盖茨比（Jay Gatsby）出身贫穷，因此他应该可以作为一个例子来说明，即使在极端不平等的时代，也可以存在巨大的向上流动性，而非相反。

贝克尔的这两篇紧密关联的文章表明，当技能回报的上升导致不平等加剧时，只要父母的收入与子女的教育挂钩，我们也应该预期父母收入与子女收入之间的联系会增加。这种联系可能反映了对教育的共同基因天赋，也可能反映了富裕父母投资于子女的更高意愿。只要教育是投资于子女的主要手段，那么教育回报的上升就会同时加剧不平等和确保收入差距在代际之间持续。

第四部分包含两章技术性较强的文章。第十二章基于一个假定的"政治偏好函数"，提出了经济再分配的实证理论。这为再分配的政治经济学提供了一条有趣的替代路径，在本质上它是通过关于政治过程的假定来微观构建这一函数。这里类似于之前的区别，即贝克尔仅假定一个"灌输函数"和文献中接受一个特定学习过程之间的区别。进行如下的思考是很有用的，即贝克尔的简约形式方法何时优于或劣于对选民行为或其他政治权力来源进行建模的方法。

本书第十三章就一次性再分配提出了一个非常好的观点。贝克尔定理认为，如果闲暇是一种正常商品，同时人们仅因为工资率而有所差别，那么最优的一次性再分配会确保，在再分配前工资最高的个体，也就是拥有最高福利水平的个体，在再分配后拥有最低的福利水平。

贝克尔的证明是利用支出函数的一个巧妙技巧。在此，我将用一种更规范、更迂回的方法，对他的核心结果进行等价的说明。我假定有 I 个消费者，每个人的个人工资率是 w_i，每个人从政府那里得到个体层面特定的转移支付 t_i。每个人最大化 $U\left[w_i\left(1-L\right)+t_i, L\right]$，其中 L 代表闲暇，时间预算归一化为 1。效用函数是相同的，政府在满足 $\sum_i t_i = 0$ 的约束下最大化个体的效用之和。

做出一般的贝克尔式假定，这些假定确保存在一阶条件并具有内部最大值的特征，对每个消费者来说有两个条件：$U_L[w_i(1-L) + t_i, L] = w_i\lambda$，和 $U_C[w_i(1-L) + t_i, L] = \lambda$。按照惯例，$U_C(.,.)$ 指的是 $U(.,.)$ 对消费的导数，$U_L(.,.)$ 指的是 $U(.,.)$ 对闲暇的导数，λ 指的是政府平衡预算约束的乘数。

当且仅当 $1 - L + \mathrm{d}t_i / \mathrm{d}w_i$ 为负数时，福利随着工资的下降而下降，因为该表达式捕捉了工资对福利的直接影响，包括工资与转移支付之间的关系，但不包括工资对劳动力供给的影响（由于包络定理的存在，这种影响无关）。保持 λ 不变，对 w_i 的一阶条件进行微分（即考察在固定收入分配中情况如何变化），我们得到 $1 - L + \mathrm{d}t_i / \mathrm{d}w_i = \lambda(w_i U_{CC} - U_{CL}/U_{LL}U_{CC} - U_{CL}^2)$。

我们通常会假定 $U_{LL}U_{CC} > U_{CL}^2$，从而确保消费者的一阶条件反映出一个最大值，而 $w_i U_{CC} - U_{CL} < 0$ 正是确保闲暇是一种正常商品的条件，换言之，等价于非劳动收入的外生增长会导致工作时间下降。因此，闲暇是一种正常商品这一点意味着最优的一次性再分配会逆转消费者之间的福利排序。这一结论的逻辑是，在最优的一次性再分配的情况下，高工资者的最优选择是多工作，而不是太多地消费。事实上，如果 $U_{CL} < 0$，并且工作和消费是互补的，那么让高工资者比低工资者多工作和少消费是最优的。

唯一的例外是当工作和消费是强替代品时。举例来说，考虑有点不合常理的效用函数 $U = (C + L - K)\alpha C\beta$，假定 $w_i < K < 1$，$\alpha + \beta < 1$。

序

这个奇特的函数通常用于生产吉芬（Giffen）商品，其中 K 代表可以通过肉类和土豆来满足的热量（这里用 C 替代肉类，用 L 替代土豆），但人们喜欢吃肉。很难想象这个函数在闲暇和消费中会代表什么，但它确实满足了效用最大化的标准要求。在对 L 进行优化后，间接效用函数是一个常数乘以 $(w_i + t_i - K) \alpha + \beta$ $w_i - \alpha (1 - w_i) - \beta$，而一次性征税的一阶条件使得 $(w_i + t_i - K) \alpha + \beta - 1 w - \alpha (1 - w_i) - \beta$ 在不同个体间保持不变。这意味着，当且仅当 $w_i - \alpha (1 - w_i) - \beta$ 随着 w_i 增加时，$w_i + t_i - K$ 随着 w_i 上升，而前者的发生条件是当且仅当 $w_i > \alpha / \alpha + \beta$。如果这个条件成立，那么 $w_i + t_i - K$ 和 $w_i - \alpha (1 - w_i) - \beta$ 都随着 w_i 的上升而上升，因此 $(w_i + t_i - K)\alpha + \beta w_i - \alpha (1 - w_i) - \beta$ 也随着 w_i 的上升而上升，一次性征税不会改变效用水平的排序。

出现这一例外的原因是，在这一效用水平上，对于这些参数值来说，消费和闲暇是近似替代品，非劳动收入的增加会减少闲暇。在这个例子中，效用的有效价格对于高工资者来说较低，因为他们可以通过消费来满足 K 约束，而不必依赖闲暇，因此给他们现金可以带来更多的边际效用。

我沉迷于用这种计算方法说明如下观点，即现金边际效用的均等化并不一定意味着高工资者获得的总体效用减少，尽管似乎很可能会减少。这一逻辑对实际税收制度的影响并不明显，尽管正如贝克尔所指出的，它在家庭中可能更有意义，因为在家庭中再分配的效率要高得多。事实上，生产率最高的家庭成员的福利水平很可能是最低的，因为他们付出了更多的劳动。

第五部分提供了家庭经济学的简短文章。

我们在每部分前还加有导言，便于读者理解贝克尔的文章。

爱德华·格莱泽（Edward Glaeser）

美国哈佛大学经济学教授

目录

↗ **第一部分　仅是开始** ……………………… 1

　　导言　贝克尔与经济分析的应用 ……………… 2

　　第一章　在布拉德利奖颁奖典礼上的获奖感言… 8

　　第二章　芝加哥大学精神 ……………………… 12

↗ **第二部分　解释喜好** ………………………… 17

　　导言　子女偏好的形成、理性灌输、成瘾和组织

　　　　　中的权力偏好 ………………………… 18

　　第三章　家庭内的偏好形成 …………………… 24

　　第四章　理性灌输与说服 ……………………… 47

　　第五章　关于成瘾、家庭和公共政策的一些文章

　　　　　………………………………………… 60

　　第六章　晋升锦标赛、权力、收入和冒险…… 64

↗ **第三部分　家庭生产和人力资本** ………… 73

　　导言　在职培训、市场和非市场人力资本的保险

　　　　　以及对子女的投资 …………………… 74

　　第七章　军队应该支付技术人员的培训费用吗… 81

　　第八章　关于时间分配的进一步思考 ………… 91

　　第九章　市场和非市场人力资本的保险 ……… 96

第十章 关于美国是否代际流动性下降而不平等
上升的问题 ················104

第十一章 父母和子女之间教育关系的推导与不
平等 ················110

📈 **第四部分 收入不平等和公共部门**········**117**

导言 良好的不平等 ················118

第十二章 收入再分配的实证理论 ············122

第十三章 关于第一级最优征税和最优效用分布
的文章 ·························158

📈 **第五部分 家庭与经济**·················**163**

导言 家庭值得经济学家研究 ···················164

第十四章 经济学和家庭 ·························167

附录 加里·S. 贝克尔学术生涯年表 ········179

关于加里·S. 贝克尔的精选作品 ·············209

加里·S. 贝克尔的文献目录 ·················211

加里·S. 贝克尔在哥伦比亚大学和芝加哥大学
主持的学位论文 ·························221

注释·················229

致谢·················237

第一部分

仅是开始

导言

贝克尔与经济分析的应用

（经济学）最终的评判标准是它帮助我们理解世界的程度，以及我们能够在多大程度上帮助改善它。

——加里·S. 贝克尔，在理查德·O. 布莱恩（Richard O. Bryan）创建的贝克尔芝加哥价格理论中心（Becker Center on Chicago Price Theory）成立仪式上，2006 年

贝克尔始终是一位真正的学者，他会持续研究一个问题，直到他理解并解决了这个问题，即使这需要花费几年甚至数十年的时间。他经常回到一些相同的问题上，如涉及人力资本、生育和社会互动的问题，在职业生涯中他多次这样做。他阅读、引用和扩展有关这些问题的全部文献。他的目标是推动科学发展，而不是延长自己的履历。

——詹姆斯·赫克曼（James Heckman）、爱德华·拉泽尔（Ed Lazear）和凯文·M. 墨菲（Kevin M. Murphy），《缅怀加里·贝克尔》，2018 年

第一部分
仅是开始

在经济学作为一门科学的历史中，贝克尔是最具原创性和影响力的经济学家之一。詹姆斯·赫克曼（2000 年诺贝尔经济学奖得主）在纪念他时所说的这段话体现了他对经济学的贡献："加里·S.贝克尔通过扩大经济学家考察的问题范围和创建新的分析框架，改变了经济学。他创立了经济学和公共政策的繁荣领域。有人说，特洛伊的海伦'倾国倾城的脸庞引发了上千艘战舰启航'。这也可以用来描述贝克尔，他的思想引发了数以百计的数据集和数以千计的经验和理论研究的产生。"

贝克尔将经济分析视为一种分析方法，一种仅受实践者想象力限制的工具。用他的话来说，"经济分析是一种全面的方法，适用于所有的人类行为"。在这一观点的指导下，贝克尔将经济分析应用于广泛的社会问题，其中大多数问题都超出了经济学的传统边界，如婚姻、生育、犯罪、种族歧视、时间使用、社会互动、政治和毒品成瘾等。在贝克尔之前，这些话题被视为非经济学的。如今，它们已在经济学的主流之中。

贝克尔对这些问题和其他远远超出经济学传统范围的问题所做的经济分析，开启并引导了经济学的大量经验研究。乔治·施蒂格勒（1982 年诺贝尔经济学奖得主）认为："（贝克尔）很可能会作为设计一门真正的社会通用科学的总设计师而被载入史册。"在其《经济理论》（*Economic Theory*）第一版的序言中，贝克尔解释说，他使用《经济理论》这一个可能过于自信的标题……而不是《微观理论》或《价格理论》这样的标题，是因为他相信只有一种经济理论，而不是针对微观问题、宏观问题、非市场决策等分别提出理论。

在贝克尔取得如此成就之后，人们可能会认为，在用经济理论的传统工具来理解和预测人类行为方面，似乎已经没有什么可做的了。他有着非凡的才华，例如，他在人力资本的市场价值即将起飞之前就开始了对人力资本的研究。但贝克尔教导说，人力资本有许多要素具有递增的回报，最初的学习很多时候增加了追求额外学习的动力。学习经济分析以解释人类行为也是如此。本书的起源就在于持续的学习。

在谈到政治、家庭在培养一个人（其技能和偏好）中的作用、生育和不平等问题时，贝克尔确信，经济学的一些最佳应用尚未到来。他一直在努力研究以寻求突破。我们希望读者会发现，这些章节为未来重要的研究方向提供了很好的建议，或者至少同意贝克尔的观点，即需要用经济学工具重新审视这些问题。

在已发表的作品中，持续探索的氛围通常很微妙，因为传统上已发表的作品都是以"完成"的形式发布的，很少透露发表前的思想历程。我们相信阅读加里未发表的作品能让我们更真切地体会到在芝加哥或哥伦比亚与加里共事的过程。学术论文草稿让读者实时地进入贝克尔的研究过程。它们很少有贝克尔文章成品的光鲜亮丽。尽管如此，它们充满了有价值的观点——更可贵的是，它们展现了贝克尔工作时的思考。

第一部分
仅是开始

我们相信，向公众，尤其是年轻学者提供这些手稿具有重要价值。本书通过展示贝克尔的工作过程——包括他的进展不尽如人意的情况，增加了贝克尔的研究遗产。本书旨在展示这位著名经济学家的失策和演变。我们希望我们出版的是一本对年轻人有启发意义的书。

本论文集收录的许多文章都是半成品——早期的草稿，这些早期草稿指向后来出现的研究方向，在说明"经济理论的工艺"（the craft of economic theory）方面具有价值。它们并不是贝克尔在 2014 年 5 月离世时未完成的项目；其中大部分论文已由他的合作者发表。一个例外是关于他的开创性论文《时间分配理论》（A Theory of the Allocation of Time）的未完成的文章，他正在为《经济学期刊》（Economic Journal）的 125 周年纪念刊准备这篇文章。有些文章是一些练习，从一个想法或一个主题开始，然后精心设计一个简单而有效的模型。

非专业读者可以跳过数学部分，根据贝克尔对技术分析的讨论和直觉，很好地理解文章的观点。与贝克尔分析时的一贯做法一样，所有新概念都是经验驱动的，并以我们生活中的实例加以介绍。贝克尔坚信，"如果下一步工作的灵感来源仅是该领域的文献，而不是外面的世界，那么这个领域就会变得贫瘠。我们可以看到，在许多领域，是文献促成了成果，而不是在外部世界中遇到的问题。"

未发表的公开演讲提供了他的总结和对未来的展望。在本书中，我们收录了其中两篇演讲的草稿：2000 年在智利圣地亚哥举行的朝圣山学社会议上发表的关于毒品、成瘾、家庭和公共政策的演讲，以及 1999 年在马德里举行的"家庭的经济维度"（Economic Dimensions of the Family）会议上发表的关于经济学与家庭的演讲。

我们按时间顺序编写了贝克尔的学术传记、参考文献以及他在哥伦比亚大学和芝加哥大学主持的学位论文列表。这样，读者就能更多地了解贝克尔的经济分析和他令人惊叹的学术生涯中在不同阶段所做的工作，并将它们与他未发表的手稿联系起来。

本书收录的手稿风格迥异——有演讲、评论、学术文章、简单的早期模型、与数据互动的更成熟的模型等，主要是经验性的思考。我们决定按照四个主要专题来组织这些作品：解释喜好、家庭生产和人力资本、收入不平等和公共部门，以及家庭经济学。

在接下来的导言部分，我们收录了两篇获奖感言，分别是关于布拉德利奖和芝加哥大学校友奖（Alumni Medal of the University of Chicago）的获奖感言，在其中贝克尔对自己的研究和贡献以及"芝加哥大学精神"发表了自己的看法。在第二部分，贝克尔探讨了社会保障对父母在影响子女偏好方面的努力的效应。这部分还包括关于理性灌输的未发表作品；权力、职位层级和收入之间的关系；一篇关于毒品、成瘾、家庭和公共政策的演讲。第三部分收录了一份 1957 年关于军队是否应该支付技术人员的培训费用的兰德公司文件，这可能是他对在职培训的首次书面讨论。此外，还收录了一篇他为《经济学期刊》125 周年纪念刊准备的关于他在时间分配上的开创性论文的未完成的文章、两篇关于父母教育与子女不平等之间关系的简短文章，以及一篇使用他的家庭生产方法来思考市场和非市场人力资本保险问题的早期草稿。第四部分使用经济学工具包来理解公共部门的再分配如何影响不平等，以及经济环境如何影响旨在改变不平等的公共政策。第五部分的主题是家庭与经济。

第一章
在布拉德利奖颁奖典礼上的获奖感言

2008 年 6 月 4 日

我非常荣幸今年被选为布拉德利奖的四位获奖者之一。我加入了由过去和现在的许多杰出获奖者组成的队伍——许多之前的获奖者今晚也在场。多年来，我与布拉德利基金会一直保持着非常积极的互动，因此这对我来说是一件特别高兴的事。

我不仅要感谢布拉德利基金会，还要感谢我的老师们，尤其是米尔顿·弗里德曼、乔治·施蒂格勒和 T. W. 舒尔茨（T. W. Schultz），以及哥伦比亚大学和芝加哥大学的学生和同事。不过，最重要的是，我要感谢我的妻子吉蒂·纳沙特·贝克尔（Guity Nashat Becker），感谢她对我的支持和对人类行为的洞察力。如果没有她的影响，我今晚不会出现在这里。

我被选中是因为我对经济和社会生活的贡献，因此我将利用短暂的时间简要谈谈我所做的努力。

经济学对激励进行了有力的分析，其基础是假定个人做出选择的目的是促进自己和所关心的人（如家人和朋友）的福祉。同样重要的假定是，竞争和市场有强大的力量，通常会促使企业为公共利益服务，即使这并不是它们的目标。在我职业生涯的早期，我就深信，在分析那些比经济讨论中常见问题更为广泛的问题和关切方面时，这种"经济分析"极具价值。我想借此机会举三个例子说明，在分析具有重大意义的公共政策问题时，这种经济推理范围的扩大所带来的帮助。

在我的博士论文中，我研究了对基于种族、性别和其他特征的少数群体的歧视，这是一个被经济学家奇怪地忽视了的重要话题。这项研究认识到偏见存在，并已经流行开来，同时分析了偏见如何与各种类型的市场和政治力量相互作用。从一种非常基本的方法中，涌现出了大量关于歧视的有趣启发。

举例来说，研究表明竞争不能消除歧视，但竞争确实能够对抗偏见，节制住以可观察到的针对少数群体的歧视为表现形式的偏见。究其原因，那些不太愿意歧视的企业（如果有的话），在追求利润方面比那些有强烈偏见的企业具备更大的竞争优势。因此，提供平等机会的聘用者和歧视意愿微弱的聘用者更有可能在竞争激烈的行业中存活下来。这一分析将竞争性行业与垄断性行业区分开来，有助于解释为什么垄断性行业比竞争性行业的歧视更多。

再举一个例子来说明经济推理的力量，20 世纪 50 年代末到70 年代，犯罪率迅速上升。这些年间，许多知识分子、精神病专家和其他学者的主流观点是，惩罚不能阻止犯罪，消除许多罪犯与社会的隔绝才是打击犯罪的唯一有效方法。我对这一观点提出了质疑，并表明经济学的推理支持这样一种常识，即在选择职业时罪犯对激励的反应与教授和其他学者一样强烈。也就是说，潜在罪犯在决定是否成为罪犯时，实际上同时考虑了犯罪的成本和收益。

经济分析的一个含义是，更好的教育通过提高合法活动的收入来增加花时间从事犯罪活动的机会成本，从而减少犯罪。然而，逮捕和惩罚罪犯的可能性增加，也会通过提高潜在罪犯从事犯罪活动的成本来减少犯罪。根据这一观点，"大棒"——惩罚——与"胡萝卜"——更好更多的工作机会——在遏制犯罪方面同样有效。研究证实，逮捕和惩罚罪犯对降低犯罪率有强大的效果。更高的逮捕和惩罚罪犯的可能性有助于解释为什么近几十年来美国的犯罪率有所下降，而西欧的犯罪率却大幅上升。

最后一个话题可能是我最喜欢的：人力资本在经济生活中的作用。人力资本革命将人，而不是机器或自然资源，置于现代经济的中心。对男性和女性人力资本的投资有多种形式，特别是学校教育、健康和在职培训。这些投资约占国内生产总值的30%，这比物质资本投资所占份额还大。对学校教育的投资提高了收入，不过更多的教育能提供更多的知识和信息，以及处理信息的技能，从而改善了生活的许多其他方面。这些方面包括个体的健康和寿命、对子女进行投资的能力、婚姻的质量、应对冲击的能力等。

自1980年以来，大学教育的收益大大增加，这体现在大学毕业生的收入溢价远远高于没有上过大学的人。这基本上是一个好的发展趋势，因为这意味着以大学教育为形式的资本有着更高的回报率。但与此同时，大学毕业生的收入溢价的增加也是过去 25 年来收入不平等加剧的主要因素。我们需要更加重视、改善年轻学生的基础准备，从而使他们能够完成高中学业并继续上大学。男孩面临的挑战尤为严峻，因为女孩更有可能完成高中学业，而且女孩现在更有可能留在大学并完成学业。

我们可以采取一些措施，对于那些在现行教育制度下被亏待的人来说，这些措施加在一起可以大大提高 K–12 阶段的教育质量。其中一项重大推进是广泛实施的资助贫困学生教育的学券制，这会激励那些符合他们教育需求的学校进入。

我希望我的简短讨论能传达出我所解决的问题类型，以及经济推理的力量。随着时间的推移，对经济和社会问题的分析肯定会有很大的改进，但我相信，经济分析将继续提供深刻的见解，揭开人类行为的一些神秘面纱。

第二章
芝加哥大学精神

诺贝尔奖得主论坛，中国北京，2010 年 9 月 14 日

我在芝加哥大学学习和任教已超过 45 年。很难用言语来表达这所大学对我的意义。来到芝加哥大学时，20 岁的我刚毕业于普林斯顿大学，它也是一所非常好的大学。芝加哥大学让我见识到了真正的思想交流和跨学科互动。教师之间、学生之间和师生之间的讨论充满活力，既让我大开眼界，也让我无比兴奋。

当然，我主要学习经济学。我的老师告诉我，经济学不是聪明的学者玩的一个游戏，而是一门严肃的学科，帮助我们理解现实世界发生的事情，通过公共政策开出改变的处方，从而改善经济运行。处方建立在理解的基础上，这是我从未忘记的一课。

我非常感激几位经济学老师，包括西奥多·舒尔茨，格雷格·刘易斯（Greg Lewis），雅各布·马尔沙克（Jacob Marschak）和阿诺德·哈伯格（Arnold Harberger）。

不过，弗里德曼显然对我和其他经济学研究生影响最大。弗里德曼是一位杰出的研究者，为经济学做出了巨大贡献。他也是一位有争议的公共知识分子。除了这些贡献，他还是一位了不起

的老师，是我遇到过的最能激发我灵感的老师。

在经济学研究之外，我有幸参加了其他领域的课程，遇到了其他杰出的知识分子和教师。我参加过鲁道夫·卡纳普（Rudolf Carnap）关于科学哲学的讲座，上过吉米·萨维奇（Jimmie Savage）关于数理统计学的精彩课程，参加过法学院的爱德华·利维（Edward Levi）和阿伦·迪雷克托（Aaron Director）的著名课程，还参加过来自社会思想委员会的弗里德里希·哈耶克（Friedrich Hayek）组织的各种晚间研讨会。讨论的主题每年都不同，哈耶克邀请了伟大的物理学家恩里科·费米（Enrico Fermi）、伟大的生物学家休厄尔·赖特（Sewall Wright）、弗里德曼和其他出色的教职工来演讲。

我聆听了社会学家、人类学家、政治学家和其他各领域学者的讲座。讲座和讨论的活力和激情对我这样一个年轻学生的鼓舞非常大。

我的研究把我带到了有争议的方向，从我关于歧视少数族裔的经济学的博士论文开始，持续到我关于人力资本、犯罪、家庭和其他话题的研究。在所有这些话题上我都遭到了绝大多数经济学家的强烈反对。如果没有米尔顿·弗里德曼、西奥多·舒尔茨、乔治·施蒂格勒、格雷格·刘易斯和芝加哥大学其他巨头在我学生时代和后来成为教师和研究者时不断给予我的大力支持，我相信我坚持不到现在。

离开芝加哥约12年、在哥伦比亚大学担任教授后，我于

家庭经济学

1970 年返回芝加哥担任教授。我从芝加哥大学的同事身上所学到的和他们对我工作的普遍支持继续影响着我的研究。

此外，对我的工作非常关键的是，过去 40 年来我在芝加哥拥有许多杰出的学生。他们不仅非常能干，而且充满好奇心，富有创造力，愿意朝着创新的方向努力。他们也不怕挑战我和其他老师。芝加哥大学的传统是，如果权威人士的主张缺乏连贯分析和证据支撑，那么无论他们多么有成就，都不会接受他们的主张，而是对这些主张提出挑战。

我可以列举出数百名这样的学生，其中很多人已经拥有了杰出的职业生涯。不过，我要特别指出两位来自中国的前学生，他们将参加我们明天关于经济发展的讨论小组。一位是林毅夫博士，是世界银行首席经济学家，北京大学中国经济研究中心创始人，对经济发展过程的理论和实证分析做出了重大贡献。

另一位是王于渐博士，是香港大学教授，该校的前副校长，之前是我在芝加哥的研究助理，对发展中国家和地区的经济发展和公共政策做出了重要贡献。

不过，芝加哥大学的经历给我带来的最宝贵的收获是，我遇到了我的妻子，她今天也在场。她在芝加哥历史系获得了博士学位。我们对这所大学有着深厚的共同依恋。此外，我们在家中保持了芝加哥传统，也就是对世界重大议题进行讨论和辩论，有时候甚至是争论。

我坚信，作为一名社会科学家和知识分子，我所获得的任何

第一部分
仅是开始

成就都归功于我在芝加哥大学作为一名学生、教师、同事的长期经历，也归功于我的妻子。

非常感谢芝加哥大学给予我的一切。

第二部分

解释喜好

导言

子女偏好的形成、理性灌输、成瘾和组织中的权力偏好

这种将效用最大化方法扩展到包括内生偏好的做法，非常成功地统一了包括习惯的、社会的和政治的行为在内的一大类行为。我认为，任何其他方法——无论是基于"文化的""生物的"还是"心理的"力量——都无法提供可与之比拟的洞察力和解释力。

——加里·贝克尔,《偏好的经济分析》(*Accounting for Tastes*), 1996 年

从很早开始，贝克尔的挑战就是评估用经济分析研究人类行为的稳健性和适用范围。他在《非理性行为与经济理论》(*Irrational Behavior and Economic Theory*) 中指出，需求定律，这个经济学最基本的成果之一，并不需要假定消费者是一个理性的、最大化的人，而是主要源于人们面临的资源稀缺性。《非理性行为与经济理论》展示了资源约束的重要性及其为经济分析提供的力量，同时也触发了贝克尔对人们偏好的作用的思考。

第二部分
解释喜好

《非理性行为》修改了关于偏好的常规假定，避开了效用函数、无差异曲线、传递性以及"现代分析的其他烦琐手续"，可以视为一篇行为经济学论文，其中对关于偏好和信念的标准假定的偏离和对人类动机的扩展，成为可能。在 1955 年关于歧视经济学的博士论文中，贝克尔开始质疑和修改偏好，而这在传统的分析中是"不被允许的"，论文中他在经济学家使用的标准偏好中加入了对歧视的喜好（见本书第一章）。贝克尔的广义方法的一个重要而独有的特征是，其重点在于这种"新型的"或"扩展的"偏好（例如，包括偏见、利他、教育、社会资本）如何"与各种类型的市场和政治力量（相互作用）"。

贝克尔与凯文·M. 墨菲（Kevin M. Murphy）和乔治·施蒂格勒共同开发的分析中，进一步的操作是理解偏好的结构，即需要的形成。该分析通过承认偏好取决于个体过去和未来的消费以及其他个体和经济行动者的行为，从而内生化偏好："例如，一个人上个月是否大量吸烟会显著地影响他本月是否吸烟。一个人的投票方式在很大程度上取决于朋友和同一个同伴群体中其他人的投票方式。成功的产品广告会增加人们对该产品的渴望。人们穿什么衣服关键取决于其他人穿什么衣服。"

说服工作是经济活动的重要组成部分。广告、促销、政治运动和家庭内的家长教导仅是经济说服的几个例子。本部分的第一篇文章分析了父母对子女偏好形成的影响如何作用于他们自身的行为。例如，如果父母吸烟会增加子女吸烟的可能性，他们可能决定不吸烟，因为他们不希望子女开始学吸烟。这篇文章写于 1992 年，这一年贝克尔被授予了诺贝尔经济学奖。这篇文章是为 1993 年在阿纳海姆举行的社会科学联合会（Allied Social Science Associations，ASSA）年会中的"家庭内部发生了什么？"（What Happens Inside Families）这个会场准备的。

在他的诺贝尔奖演讲中，贝克尔在三个附录中收录了这篇文章的部分内容。他指出："包括我在内的许多经济学家都过分依赖于用利他主义来将家庭成员的利益联系在一起。承认童年经历与未来行为之间的联系，这会减少在家庭中依赖于利他主义的必要性。但这并没有使分析回归到狭隘的利己主义，因为它用通常被理性行为模型所忽视的义务感、愤怒和其他态度部分地取代了利他主义。"

理性的父母会最大化自己的效用，而这不仅取决于他们的资源，还取决于他们过去的经历和对子女的态度。基于这一想法，贝克尔分析了家庭价值观、人力资本投资、老年支持，以及经济和社会条件的变化和公共政策（如社会保障）如何作用于父母为了影响子女价值观而付出的努力。

在最近的一篇论文中，贝克尔与凯文·M. 墨菲和约尔格·L. 斯彭库赫（Jörg L. Spenkuch）共同扩展了这一想法。《操纵子女偏好、老年支持和对子女人力资本的投资》（*The Manipulation of Children's Preferences, Old-Age Support, and Investment in Children's Human Capital*）一文表明，操纵子女偏好是一种承诺手段，最终可能会帮助到子女和父母。如果子女是利他的，那么即使是自私的父母也会对子女的人力资本进行最优投资，他们将这一新结果称为"坏家长定理"（Rotten Parent Theorem）。这与贝克尔在《社会互动理论》（*A Theory of Social Interactions*）中首次提出的"坏孩子定理"（Rotten Kid Theorem）中的情况完全类似，即自私的子女做出的行动会提高利他的父母的收入，而父母随后会对子女的行动给予更多补偿。

第二篇论文分析了广告商、独裁者、宗教和政府对青少年和成年人的灌输。关于灌输的文献由来已久，但这是第一次尝试在假定灌输者和公众的行为都是理性的前提下分析这一问题。个体不是抽象地而是通过一个过程被灌输的。在这种方法中，广告、布道、政府宣传和其他类型的灌输并不会改变偏好，但它们会通过稳定的偏好来增加或减少个体的福祉。贝克尔利用这种方法表明，当能强迫个体接受灌输过程时，灌输是最多的；当灌输者是垄断者，不能使灌输对象的境况比没有灌输时更糟时，灌输会较少，而当灌输者必须为了灌输机会而竞争时，灌输最少。

本文与《规范与偏好的形成》（*Norms and the Formation of Preferences*）密切相关，贝克尔在其中"采用了一种不同的方法来解释一个阶层（class）——通常是上层阶层——如何创造规范来影响其他阶层的偏好。在这种方法中，上层阶层并没有对其他阶层进行'洗脑'，因为他们自愿地允许自己的偏好受到影响。但是，对于下层阶层的成员来说，如果这种偏好的改变会通过阻拦对他有利的行为而降低了他的效用，那么他就必须因这种改变而得到补偿。规范形成的方法……假定一个阶层决定是否向其他阶层的成员'灌输'特定的规范，而其他阶层的成员必须决定是否'允许'这些规范成为他们偏好的一部分。"

本部分第一篇文章对童年经历与成年偏好之间联系的分析，与贝克尔和墨菲关于理性的习惯养成和成瘾的研究密切相关。"偏好的形成是理性的，因为父母在子女身上的花费部分程度上取决于预期的童年经历对成年态度与行为的影响。"本部分的第三份手稿是关于成瘾和家庭结构的。在这些为 2000 年智利圣地亚哥的朝圣山学社会议的演讲准备的文章中，贝克尔用经济学的，或者说理性选择的方法来分析成瘾，分析对毒品和其他成瘾物质的需求如何响应 20 世纪后半段家庭结构的剧烈变化。贝克尔将这一分析结合到他与凯文·墨菲在社会经济学方面的研究，讨论了社会压力（social pressure）在决定毒品合法化（decriminalization of drugs）的效果方面的作用。

他在贝克尔–波斯纳博客（Becker–Posner Blog）上最后发表的数篇文章中，有一篇文章中他总结道："目前用于打击大麻使用的大量资源将被对大麻使用征税带来的可观收入所取代。这些税收收入的一个很好的用途是用于指出吸毒成瘾危害的教育和其他努力。部分税收收入还可用于支持那些同时努力治疗成瘾和劝阻人们不要成瘾的诊所和其他私人团体。与为逮捕和惩罚使用大麻的个体而支付的警察、法院和监狱费用相比，这些是政府收入的更好用途。"

亚当·斯密在《国富论》（*The Wealth of Nations*）第一卷第 10 章中指出了造成工资差异的工作属性："就我所能观察到的说，有以下五种主要情况，一方面对某些职业的微薄金钱报酬给予补偿，另一方面又对另一些职业的优厚金钱报酬加以抵销：第一，职业本身有令人愉快的有令人不愉快的；第二，职业学习有难有易，学费有多有少；第三，工作有安稳的有不安稳的；第四，职业所须担负的责任有重有轻；第五，成功的可能性有大有小。"在本部分的最后一篇文章中，贝克尔在斯密思想的基础上，将权力作为员工重视的一种工作属性，分析了权力、职位层级和收入之间的关系。该分析使用经济分析来思考组织中的权力关系和权力分配，而这是一个被经济学家忽视的问题，传统上由社会学家主导。为了进行分析，贝克尔扩展了员工的偏好，将人们关心与组织中不同职位相关的权力这一事实纳入其中。他呼吁"男性和女性希望得到家人、朋友、同伴和其他人的尊重、认可，以及声望、接纳和权力。"

第三章
家庭内的偏好形成

1992 年 6 月

1. 引言

　　儿童的基因构成和在子宫内的经历是与生俱来的，但与未来一生经历的影响相比，这些经历在很大程度上是"白板"。我们不必接受弗洛伊德对幼年的强调，也会相信童年和青少年时期的经历对成年偏好有着巨大的影响。基本价值观、衣食喜好、对异性的态度、抱负以及偏好的其他部分都会受到一个人年轻时发生的事情的影响。

　　而对偏好形成影响最大的莫过于父母和其他近亲。他们通常决定了孩子在生命最初几年的几乎所有经历，以及他们在青少年时期的许多经历。父母做和不做什么对子女的偏好形成有很大的影响。

　　大多数父母都意识到了这一点，即使只是模糊地意识到。只要他们关心子女的偏好是什么样的，他们就会把对子女的影响纳入自己的行为决策中。例如，如果他们知道父母吸烟会增加子女吸烟的可能性，他们可能会决定不吸烟，因为他们不希望子女也开始学吸烟。或者，可能他们去教堂只是因为他们相信去教堂会改善孩子的价值观。

当然，父母想做的事情也受制于他们的偏好，他们的偏好也受到他们自己童年经历的影响。理性的父母在最大化他们的效用时，不仅考虑他们的资源，还考虑他们过去的经历，以及他们对子女的态度。

本文第二节和第三节围绕父母的老年支持问题展开。父母会积累资产来帮助满足他们的老年需求。他们是否也希望子女赡养他们，这取决于他们对子女的利他主义。我将表明，对赡养的渴望还与父母是否在子女身上投入最优数量的人力资本有关。

父母如何才能确保在需要帮助时，子女愿意帮助他们呢？一种方法是试图影响子女偏好的形成，使他们愿意帮忙。父母可以尝试让子女爱自己，或对自己有愧疚感，或形成其他引导孩子来帮忙的偏好。

如果父母可以依靠子女帮忙，他们就有动机在子女的人力资本上进行更多投资。也就是说，对子女赡养老人的期望往往会使得对子女的人力资本投资达到更有效的水平。然而，这也会导致父母减少养老储蓄，因为他们会更多地依赖子女的帮助。

政府可以通过社会保障制度来帮助老人。由于这减少了老人对子女的依赖，社会保障将影响父母为培养子女偏好付出的努力。因此，由于父母对政府项目的反应，家庭的紧密程度可能会降低。当政府为父母提供更多帮助时，自私的父母可能会减少对子女的投入。

不仅父母会对子女的偏好产生很大影响，子女也会影响父母的态度。特别是，子女可以通过表现得"乖巧"、做父母希望他们做的事情、长大后去看望父母以及许多其他方式来影响父母对他们的喜爱程度。

第五节探讨了子女对父母利他主义的影响。父母的利他主义内生地取决于子女的行为。子女试图操纵这种利他主义，从而使自己受益。例如，子女可能会学习很多东西，因为这会使父母对他们更加慷慨。

2. 模型

我假定每个人都会经历三个时期：青年期（y）、中年期（m）和老年期（o）。每个人在成年期之初都有一个子女，因此子女的青年期与父母的中年期重叠，子女的中年期与父母的老年期重叠。父母的效用在生命周期的每个阶段都是可分离的。父母也可能是利他的，他们从子女身上获得的效用与他们从自己的消费中获得的效用也是可分离的。

因此，父母的效用函数（V_p）可以写成

$$V_p = u_{mp} + \beta u_{op} + \beta a V_c \qquad （1）①$$

---

① 本书中每篇文章均为独立文章，文中公式独立编号，为尽可能还原作者原文，本书保留原文的编号方式。——编者注

其中，β 是贴现率，a 是父母对子女的利他主义程度。利己的父母有 $a = 0$，利他程度随 a 的增加而增加。我不允许父母对待子女时是虐待狂，尽管这种分析可以很容易地推广到包括这种情形。

每个人只有在中年期时才会工作和赚取收入。因此，有必要进行储蓄，以提供可在老年消费的资源。他可以积累资产，收益率 R_k 由市场决定，等于 1+ 资产上的利率。父母也负责通过投资于子女的人力资本来提高子女的收入能力。其人力资本投资的边际收益率（R_h）定义为：

$$R_h = \mathrm{d}E_c / \mathrm{d}h \qquad (2)$$

其中，E_c 为子女在中年期的收入。假定投资越多，收益率越低：$\mathrm{d}R_h / \mathrm{d}h \leqslant 0$，其中 h 为投资额。

父母还必须决定是否给子女留下遗产，用 k_c 表示。父母在中年和老年的消费额分别用 Z_{mp} 和 Z_{op} 表示。如果父母可以在不同年龄段消费、留下遗产或投资于子女的人力资本，他们的预算约束将是：

$$Z_{mp} + (Z_{op} / R_k) + h + (k_c / R_k) = A_p \qquad (3)$$

其中，A 指的是资源的现值。

父母效用最大化的一个一阶条件是：

$$u'_{mp} = \beta R k u_{op} = \lambda_p \qquad (4)$$

其中，λ_p 是父母的财富边际效用。另一个条件决定了他们是否留下遗产：

$$\beta a V'_c \leqslant \frac{\lambda_p}{R_k} = \beta u'_{op'} \qquad (5)$$

最后一个条件决定了对子女人力资本的投资：

$$R_h \beta a V_c' = \lambda_p \qquad (6)$$

公式（6）假定人力资本投资的一阶条件是一个严格的等式；总是对子女进行一些人力资本投资。证明这一点的一种方法是采用稻田式（Inada-type）假定，即人力资本的小额投资会产生非常高的回报率。在像美国这样的富裕经济体中，对子女的基本营养等方面的投资可能确实会产生很好的回报。只要父母不是完全利己的——只要 $a > 0$——那么稻田条件确实意味着人力资本投资为正。然而，我允许父母是完全利己的，因此对于他们来说我们可以将公式（6）解释为不等式。

公式（4）决定了父母的中年和老年消费。父母会积累一些资本资产来资助他们的老年消费。他们是否也希望得到子女的养老支持？这由公式（5）决定。如果这是一个严格的不等式，那么父母就不想留遗产给子女。根据公式（5），这种情况发生于：

$$aV_c' < u_{op}' \qquad (7)$$

我们可以用更直观的方式来书写这个式子。如果子女为了最大化自己的效用而分配资源，那么包络定理使得我们把这个式子写成：

$$au_{mc}' < u_{op}'，\text{因为 } V_c' = u_{mc}' \qquad (8)$$

公式（8）有一个简单的解释。如果父母在中年时从子女多消费一美元中所获得的效用小于父母在老年时多消费一美元所获得的效用，那么父母就不愿意给子女留下遗产。

很明显，这个不等式对于完全利己的父母来说是成立的，因

为当 a 为零时，公式（8）的左侧将为零。父母越不利他，他们就越不可能为子女留下遗产。

结合公式（5）和公式（6），我们可以得出：

$$\lambda_p / R_h \leq \lambda_p / R_k, \text{ 或 } R_h \geq R_k \qquad (9)$$

公式（9）指出，当父母留下遗产时，人力资本的边际回报率等于资产回报率，而当父母不想留下遗产时，人力资本的边际回报率大于资产回报率。父母可以通过两种方式进行有效的遗赠：一是投资于子女的人力资本，二是留给子女资产。由于他们希望在自己的成本给定时最大化子女的利益——他们并不是虐待狂——因此他们希望以最有效的形式留下遗产。

因此，如果他们不留下资产——如果公式（9）中的严格不等式成立——那么人力资本的边际回报率就必须超过资产的边际回报率，否则他们就会留下资产而减少人力资本。如果他们既留下遗产又留下人力资本，那么他们从两者获得的边际回报率必须相同，这就是公式（9）为等式时所阐述的情况。

如果公式（9）中的严格不等式成立，那么父母的投资决策就不是有效的，因为如果增加人力资本投资，父母和子女都会过得更好。设想父母在子女身上多投资一美元，为自己的养老少储蓄一美元。子女的收入将增加 R_h，而父母可用于养老的资源将减少 $R_k < R_h$。因此，如果子女同意给父母 $R_k < g < R_h$ 的养老金，那么，当父母在子女身上多花一美元和在养老储蓄上少花一美元时，父母和子女都会过得更好。可以重复同样的论证来说明，除

非 $R_h = R_k$，否则，利用进一步投资于子女的人力资本，双方都会过得更好。

但父母和子女可能无法签订一份合同，明确规定子女提供一定数量的老年支持，以换取父母同意增加对子女人力资本的投资。这是因为，哪个政府会强制执行父母与子女签订的合同呢？而且，如果子女对父母是自私的，对父母的福利漠不关心，那么当父母需要帮助的时候，子女可能不会遵守任何承诺。

公式（7）和公式（8）意味着，当 $R_h > R_k$ 时，父母不想留下遗产。事实上，他们希望子女能提供一些老年支持，因为他们从中年期的消费中获得的边际效用超过他们从子女中年期的消费中获得的边际效用。他们希望从子女那里获取资源，但我假定这是不可能的，也不可能签署一份合同来获得对子女的有效投资。父母可以做些什么呢？

3. 偏好的形成、效率和承诺

父母可能能够影响子女成年后的偏好，从而使子女愿意在父母年老时给予帮助，即使没有合同也会如此。父母是否想要这样做，取决于他们是否想要老年支持，以及降低子女这种欲望的成本有多高。

设想在子女年幼时，父母可以采取行动 x 和 y 来影响子女的偏好。为了简单地模拟这些行动对子女的影响，将子女的效用函数写成：

$$V_c = u_{mc} + L(y) - G(x, g) + \beta u_{oc} + \cdots \qquad （10）$$

我假定 $L' > 0$ 和 $G_x > 0$。这意味着 y 的增加会提高子女的效用，而 x 的增加会降低子女的效用。那么，为什么一个非虐待狂的父母会在 x 上花费资源呢？将 G 理解为子女在与父母的关系上所感受到的"愧疚感"，那么，x 的增加会让子女感到更愧疚，从而降低子女的效用。

要理解为什么即使是利他的父母也会想让子女感到更愧疚，关键在于变量 g 的作用。因为 g 衡量了子女对父母养老的贡献。我假定 $G_g < 0$；贡献的增加会使子女的"愧疚感"减少。如果 $G_g x > 0$，那么更大的 x 可能会刺激子女提供更多的贡献，因为他们试图减少愧疚感。

现在父母的预算约束变为：

$$Z_{mp} + h + y + x + (Z_{op} / R_k) + (k_c / R_k) = A_p + (g / R_k) \qquad （11）$$

最优 y 的一阶条件是：

$$\beta a L' \leqslant \lambda_p \qquad （12）$$

不难理解为什么利他的父母会试图通过 y 来影响子女的偏好，因为 y 的增加会提高子女的效用（$L' > 0$）。

最优 x 的一阶条件更为有趣。由于 x 的增加会增加子女的愧疚感，这可能会刺激他们在成年后采取行动来减少愧疚感。与分析最直接相关的行动是增加 g，即对父母的贡献。增加对父母的贡献会提高父母老年期的效用。这也会给子女带来机会成本，相当于子女的财富边际效用。

然后，父母中 x 的一阶条件是：

$$\frac{dV_p}{dx} = \frac{dg}{dx}\beta(u'_{op} - au'_{mc}) - \beta a \frac{dG}{dx} \leq \lambda_p \qquad (13)$$

其中 dG/dx 包含了 g 的诱导变化。中间表达式的第二项对利他的父母来说是负值，因为 x 的增加会增加子女的愧疚感，从而降低利他的父母的效用。然而，子女愧疚感的增加会促使他们增加对父母的老年支持，父母在决定是否值得让子女感到更愧疚时会试图预测这种反应。

对于利他的父母的福利来说，子女增加老年支持有相反的两种作用。一方面，它提高了父母的老年消费，从而提高了他们的效用，如公式（13）中的 u'_{op} 项所示。另一方面，老年支持的增加降低了子女可用于自身的资源，从而降低了利他的父母的效用，如公式（13）中的 $-au'_{mc}$ 项所示。

在决定是否让子女感觉更愧疚时，父母必须设法求解子女的最大化问题，以确定子女在更愧疚时会增加多少老年支持；也就是说，父母必须估计 dg/dx。由于父母在决定幼年子女支出时首先"行动"，这个博弈具有自然的序贯决策结构。

如果父母由于获益超过他们所评估的子女损失而决定让子女感到愧疚，那么公式（13）就变成了等式。但要注意的是，给子女留下遗产的利他的父母绝不会试图让子女感到更愧疚。对于这些父母来说，公式（13）中括号内的项等于 0，因为他们在老年时从自己和子女的消费中获得的边际效用是相同的。由于愧疚感较强的子女有更少的效用，因此这种利他的父母不想再创造更多的愧疚感。

不留遗产的父母可能愿意让子女感到更愧疚，因为他们从自己消费的增加中获得的效用比从子女消费的等量减少中损失的效用要多。特别是，完全利己的父母很可能愿意提高子女的愧疚感，因为他们并不关心子女的效用。对他们来说，公式（13）简化为一个简单的条件：

$$\frac{\mathrm{d}V_p}{\mathrm{d}x} = \frac{\mathrm{d}g}{\mathrm{d}x}\beta u'_{op} \leqslant \lambda_p,\text{或} R_x = \frac{\mathrm{d}g}{\mathrm{d}x} \leqslant \frac{\lambda_p}{\beta u'_{op}} = R_k \qquad （14）$$

公式（14）为利己的父母提供了一个非常简单的条件。只要花在子女身上的支出通过诱导子女增加老年支持而带来的回报率大于为老年生活积累资产的回报率，他们就愿意花费资源让子女感到愧疚。因此，影响子女的偏好，使他们足够愧疚从而愿意赡养年迈的父母，这就是另一种养老储蓄方式，可以替代为老年生活积累资产的方式。

这就意味着，即使是利己的父母也会花时间陪伴子女，并以其他方式善待他们，只要这样做能在日后得到回报。他们投资于子女的"好感"。当然，子女可能会看穿父母的伪装，认识到父母对他们好只是出于利己的原因。子女能否看穿更深层次的动机可能对 dg / dx 的大小有着关键的影响，即如果子女不大力支持年迈的父母，他们会多大程度上感觉更愧疚。对于真正爱子女的父母来说，创造愧疚感可能要比假装爱子女的父母容易得多。

愿意创造多少愧疚感，利己的父母并没有真正的限制，但利他的父母有严格的限制。孩子们增加给父母的支持，会降低 u'_{op}，增加 u'_{mc}。随着两者越接近，公式（13）中括号内的项就越小。利他的父母在对自己的和子女的消费增长无差异之前，就不再创造愧疚感。他们希望从子女那里得到更多的支持，但他们不愿意为了得到这些支持而创造更多的愧疚感。如果子女自愿给予更多的支持，这些父母一点也不介意。

富裕的父母会在子女的人力资本上投入更多，因为这些"商品"往往与收入正相关。因此，富裕家庭更有可能达到 $R_h = R_k$ 的水平。这意味着他们更有可能为子女留下遗产，证据显然支持我们分析得出的这个结论。因此，我们的分析表明，富裕家庭不太可能想创造出有愧疚感的子女，因为他们不需要依靠子女来养老。

人们常说，富人对子女似乎很"冷漠"，而中产阶层和许多穷人则拥有比较"温馨"的家庭氛围。我们的分析也许可以解释这一点，因为后者的家庭对"温馨"的需要更大。

由于他们不打算给子女留下遗产，他们只能依靠老年支持。为了确保在适当的时候能得到这种支持，他们努力通过子女的愧疚感、亲情等的调解来营造家庭温馨的氛围。

换句话说，财富不会自动地带来冷漠。财富通过影响一个家庭是否愿意努力营造一种温馨的氛围，会间接地这样做。偏好形成的理性选择方法不必将家庭中的"冷漠"和"温馨"视为既定事实，而是可以解释为什么它们与家庭财富、父母的利他主义以及其他一些变量有关。

即使是利他的父母，来自子女的老年支持也会对他们的其他决定产生影响。子女支持的增加会降低 u'_{op}，从而降低父母为老年储蓄资产的动机。这是因为，如果子女会帮忙，那么为什么还要储蓄那么多呢？当然，随着父母储蓄的减少，他们会有更多的动机去创造子女的愧疚感，因为储蓄的减少会提高 u'_{op}。这又进一步降低了储蓄等，直到达到一个新的均衡。

资产的积累和愧疚感的创造是父母为老年生活储蓄的另一种方式。如果他们善于创造愧疚感，他们就会倾向于很少储蓄，转而依靠子女的支持。因此，我们可以预期，父母要么储蓄很多并很少依靠子女，要么只储蓄一点并主要依靠子女的支持。

子女的老年支持也会影响对子女的人力资本投资。回想一下，只有那些不给子女留下遗产的父母才可能愿意让子女变得愧疚。而这些父母对子女人力资本的投资少于最优投资额。公式（5）和公式（6）的一阶条件意味着：

$$\frac{u'_{op}}{au'_{mc}} = \frac{R_h}{R_k} \qquad (15)$$

来自子女的老年支持的增加会降低分子和提高分母，从而降低公式（15）的左侧。在父母效用最大化的新情况下，右侧也必须下降。由于 R_k 是由市场条件决定的，因此右侧下降的唯一途径就是 R_h 下降。

家庭经济学

但是，R_h 的下降只能通过增加对子女的投资额 h 来实现。因此，来自子女的老年支持的增加会促使对子女人力资本的投资达到一个更有效率的水平。即使是完全利己的父母，如果他们预期老年支持对子女的财富足够敏感，也可能会决定对子女进行投资。因为，如果最初的人力资本投资能产生很高的回报，子女可能会在父母身上花费他们较高财富中的足够多的部分，使投资于子女的人力资本成为对利己父母而言比积累资产更好的一项投资。

然而，由于愧疚感而增加的老年支持永远不会使利他的父母达到人力资本投资的完全有效的水平。如果增加子女支持的唯一途径是让子女感到更加愧疚，那么父母在边际上总是更偏好于自己的消费，而不是子女的消费。

子女对父母更多的支持增加了父母对子女人力资本的投资，从而提高了子女的收入，使他们的境况更好。然而，子女对父母更多的支持是由子女更大的愧疚感引起的，而愧疚感会使子女的境况更糟。可能的净结果是，父母使子女更加愧疚的努力使得子女的境况变得更好了。这种可能性更大，因为随着 h 的增加，R_h 的下降速度变慢，G（他们的愧疚感）对 x 更不敏感，而 g 对 x 更敏感。

让孩子们感到愧疚会让他们的境况更好，这似乎很奇怪。然而，解释很简单：父母没有对子女的人力资本进行最优投资。父母在创造子女愧疚感上的花费是有害的，如果有最优的方法可用，父母就不会使用这种方法。但是，在无法使用合同等的情况下，创造愧疚感可能是一个次优的方法，不仅能提高父母的效用，还能提高子女的效用。

一个更好的办法似乎是让子女同意他们以后会按照好像他们感到愧疚一样来行动。这样做可以节省因创造愧疚感而损失的资源，但行不通。因为子女会在以后需要的时候拒绝帮忙，因为他们将会不想帮忙。

通过影响偏好，愧疚感的产生使得子女承诺在父母需要帮助的时候伸出援手。如果偏好以过去的经验为条件，过去的经验部分地承诺了未来的行动。

这是父母试图影响子女偏好的一个重要原因。我已经在提供老年支持的特定背景下讨论了这一点，但这一论点的适用范围要广泛得多。父母努力成为好榜样并采取其他行动，至少在一定程度上是出于影响子女偏好的愿望。他们可能希望子女将来承诺成为诚实、认真、节俭、可靠的人等。

父母可以通过采取适当的行动，帮助推动这个过程朝着正确的方向发展。兼具前瞻性的利他的父母会竭尽所能，保证子女的偏好沿着正确的道路发展。正如我们所看到的，"正确"的道路可能包括子女承诺提供老年支持，因为这种承诺可以使子女和父母都过得更好。

4. 社会行动：规范与政府

在许多传统社会中，子女帮助年迈父母的部分原因是社会规范，即对没有善待父母的子女施加的社会压力。本文的分析展示了这些规范可能是如何发展起来的。

传统社会中的许多家庭，也许是绝大部分家庭，都希望影响子女的偏好，从而使他们愿意在父母年老时提供帮助。他们可能会宣扬家庭忠诚，努力培养愧疚感和利他的子女等。他们还可能成立和加入各种组织，在组织中向儿童群体传达帮助父母的观点。学校和其他团体活动可能会以多种方式宣扬这一观点，利用同伴压力来帮助形成年轻人的偏好。

如果子女相信赡养父母是"正确"的事，就更容易让他们提供帮助。宗教和其他团体活动会强化这种观点。一旦人们相信自己做某件事是因为它是正确，他们就会看不起任何有着不同行为的人。这就是规范的意义所在。

在这个案例中，一种规范的发展是因为父母为了自己利益着想而去帮助它发展。父母有动机去影响子女支持自己年迈父母的偏好。他们为了自己利益着想还会通过来自其他家庭的压力来强化这种态度。但是，为什么父母不搭其他家庭施加压力的便车，从而节省在子女中创造愧疚感所需的资源呢？这是规范创造理论中的根本问题。

这正是宗教组织、学校和类似组织发挥重要作用的地方。通过对会员资格进行适当的"定价",它们可以激励家庭在子女中树立关于老年支持的正确态度。秉持正确态度的家庭更容易或更便宜地获得会员资格。适当的入会要求可以消除——或至少大大减少——任何搭其他家庭所付努力的便车的动机。

有时人们声称,福利国家帮助瓦解了西方世界的家庭。很明显,失业保险、社会保障和医疗保险等政府项目减少了依靠家庭成员来承担这些风险的需求。但为什么这些项目会影响家庭偏好呢?人们是否应该预期这些项目会让家庭关系变得不再紧密?

我们对家庭内部偏好形成的分析提供了一个肯定的回答。如果没有公共项目来照顾老人、病人或失业者,父母可能会花费资源来影响子女的态度,使他们愿意在其他家庭成员遇到困难时伸出援手。如果政府开始提供帮助,家庭就有激励通过减少在诱导家庭成员帮助意愿方面的支出来节约资源。

考虑一下家庭在使子女愿意提供老年支持方面的支出。公式(13)表明,支出的激励取决于 $u'_{op} - au'_{mc}$ 这项。政府支持老年人的资金来自对劳动人口征收的"现收现付"税,这通过增加老年人的资源来降低 u'_{op},通过拿走中年人的一些资源来提高 u'_{mc}。因此,这些边际效用之间的差额缩小了。

但是,这个更小的差额会减少父母的收益,即花费资源来影响子女偏好,从而使他们愿意帮忙的收益。因此,在实施社会保障项目时,子女对年迈父母有更少的愧疚感、利他等。在这种情况下,福利国家会间接地影响家庭的紧密程度。

给子女留下遗产的父母没有激励让子女产生愧疚感等，以使他们在父母年老或有其他需要时愿意帮忙。原因是他们不需要帮助，因为是他们给予子女，而不是他们想从子女那里索取。在这样的家庭中，相互之间的态度不会受到社会保障的影响。也就是说，李嘉图等价的家庭内部偏好不会受到此类政府项目的太大影响。

受社会保障影响最大的是那些不想留下遗产的家庭。这些家庭在父母年迈或有其他需要时最依赖子女的帮助。因此，恰恰是政府项目带来最大差异的那些家庭中，偏好受这些项目的影响最大。

我们已经看到，这些家庭更有可能是中产阶层和一些较贫穷的家庭。因此，社会保障和相关项目最有可能影响这些家庭中的亲密和温馨：正是"中产阶层价值观"受到了福利国家项目的伤害。富人的冷漠和极度贫穷家庭的混乱并没有受到太大影响。

人们不应该因为这些福利国家项目负面地影响了中产阶层的家庭价值观，就贸然断定它们一定是坏的。在照顾老人方面，政府可能比子女做得更好。毕竟，许多子女并没有帮上大忙，而促使他人来帮忙的愧疚感可能会损害他们的心理健康。问题的关键在于，当福利国家如火如荼地发展时，持中产阶层家庭价值观的效率比较低。但是，政府和家庭在照顾家庭成员方面的比较会引发许多问题，这些问题不在本文讨论范围之内。

5. 子女对父母偏好的影响

我一直在假定父母会影响子女的偏好，而忽略了子女对父母偏好的影响。然而，每个与孩子打过交道的人都知道，孩子也能够改变父母对待他们的态度。通过表现得乖巧、体贴、伤心等，孩子影响父母的愧疚感、爱、关心和其他态度。这些态度通过改变父母那些影响到子女福利的行动来影响子女的行为。

我将通过考虑父母的利他主义来说明如何做到这一点。我一直将利他主义的程度——父母效用函数 V_p 中的 a 项——视为给定，但利他主义可能部分地由子女的行为决定。为了说明这一点，有必要允许子女采取影响父母偏好的行动，而父母偏好对子女的福祉产生影响。

为了让父母的利他主义可以受到子女行为的影响，我假定父母的效用不仅取决于自己的消费和子女的效用，还取决于子女的行为：

$$V_p = V(Z_p, V_c, X_c) \tag{16}$$

其中，X_c 是影响父母效用的子女的选择。父母不仅是利他的，也是"家长作风的"（paternalistic），他们更希望子女消费大量的 X，即 $\partial V_p / \partial X_c \geq 0$。父母可能更希望子女努力学习、勤俭节约、服从命令、经常探望、与他们喜欢的人结婚等。

对于我们现在的目标来说，重要的是子女遵从父母意愿的程度可能会对父母喜欢子女的程度产生很大影响。现在利他主义的

41

程度与子女是否满足父母家长作风的愿望变得内生地相关。这一点通过如下假定融入了分析中：

$$\partial^2 V_p / \partial V_c \partial X_c \geqslant 0 \qquad (17)$$

这一假定意味着，在父母的效用函数中，家长作风和利他主义是互补品。任何一方的增加都会提高父母对另一方的边际效用。人们不必假定家长作风和爱是父母对待子女的两种相互竞争的态度，因为它们可以共存，甚至相互加强。

子女的效用取决于 X_c 和 Z_c，而后边这个商品并不直接影响父母的效用。子女在预算约束下最大化其效用 $V_c(Z_c, X_c)$：

$$Z_c + p_x X_c = I_c + g_p \qquad (18)$$

其中，p_x 是 X 的价格，g_p 是父母在利他主义驱使下对子女的赠予。推测来看，当父母更利他时，赠予会更多。由于利他主义取决于子女对 X 的消费，g_p 应该也取决于这种消费。

子女开始意识到，父母对待他们的好坏取决于他们是否以父母喜欢的方式行事。他们有激励采取带来更好待遇的行动，即使这些行动对他们来说并不是很愉快。因为 X_c 的增加会导致 g_p 的增加，使子女的境况变得更好，即使 X 的增加会降低他们的效用。

为了建立 X_c，g_p 和子女行为之间的反馈效应的模型，我再次假定一个简单的序贯博弈。子女首先选择 Z_c 和 X_c，然后父母选择 Z_p 和 g_p。子女试图预测他们的选择会如何影响父母的赠予，因为这些赠予会改变他们的总资源。如果子女由于能解出父母的最大化问题而准确预测父母的赠予，那么就可以假定一个完美预见均衡，即子女知道赠予如何取决于他们的选择。

子女的相关一阶条件是

$$\frac{\partial V_c}{\partial X_c} = \frac{\partial V_c}{\partial Z_c}\left(p_x - \frac{\partial g_p}{\partial X_c}\right) = \frac{\partial V_c}{\partial Z_c}\pi_x \tag{19}$$

其中，π_x 是 X 的边际价格，这个边际价格减去了额外的 X 对父母赠予的影响。如果公式（17）所概括的利他主义与家长作风之间的互补性意味着，当子女消费更多 X 时父母的赠予会增加，那么 X 对子女来说就变得更便宜了。这促使子女选择比其他情况下更多的 X。

请注意，公式（19）意味着，即使消费正数量的 X 会减少子女的效用，即 $\partial V_c / \partial X_c < 0$，子女也可能会这样做。子女可能非常不喜欢学习，但他们可能会大量学习，因为这样做的净成本为负数，这是由于当他们确实学习时，父母的赠予会增加，足以补偿子女的负效用。

在某种程度上，可以说父母是在"惩罚"那些不按父母意愿消费的子女。但这种惩罚并不直接将子女的行为作为条件，而是通过父母的偏好间接地或自动地运作。子女的行为会影响父母的偏好，从而促使父母自动地做出特定的反应。不需要讨价还价或威胁，因为一切都取决于通过子女的选择而形成的父母偏好。理性的子女在决定自己的行为时会考虑到这些影响。

在这个例子中，父母的利他主义与子女的行为是内生相关的。父母利他主义的内生性使父母承诺特定的反应，而这些反应在父母与子女之间的反复博弈中可能会派上用场。

考虑一个挥霍的孩子，他预期，当他的资源快用光时，他的父母会因为爱他而帮助他。这样他就没有什么节俭的动机了。但是，如果当他挥霍时，父母对他的爱减少了，那么他们可能就不太愿意帮助他了。而他们不愿帮忙的态度又反馈到他的行为上，阻止他像以前那样挥霍。

在这种情况下，利他主义的内生性会通过减少挥霍而带来更有效率的行为。这是通过产生一种承诺来实现的，而这种承诺在其他情况下可能很难获得。这种承诺是自动的，因为它是通过偏好发生的。这一论点与前几节中的论点类似，即子女承诺在父母年老时帮助他们，是因为父母影响了他们对愧疚等的偏好。

这种对内生利他主义的分析有助于解释为什么父母对自己的子女比对别人的子女更利他。除了对自己子女有生理学上的偏好之外，还有一个事实是，自己的子女有更多机会来影响他们父母的偏好。因为他们是由父母抚养长大的，他们可以采取行动来积极地影响父母的利他主义程度。他们表现得很可爱并做出能提高父母利他主义的事情。他们做这些事情并不一定是出于对父母的爱，因为我们已经展示了他们会如何受益于增加父母对他们的爱。

我们并不否认，在父母的爱方面，自己的子女一开始比其他人的子女更有优势。但随着时间的推移，这些差异会被放大，因为孩子们会通过行为来增加父母对他们的利他主义，从而强化他

们最初的优势。在与子女至少生活了几年之后，简单地观察对自
己子女和他人子女的利他主义的差异，很容易夸大利他主义的内
在差异。

兄弟姐妹彼此之间的内在优势远远小于他们相较于其他人子
女的优势。而且，他们可能会被迫争夺父母有限的好感。因为对
一个子女的利他主义程度增加，可能会导致对其他孩子的赠予
减少。

如果有 n 个孩子，我们可以把公式（16）中的父母效用函数
替换为：

$$V_p = V(Z_p, V_c^1, V_c^2, \cdots, V_c^n, X_c^1, X_c^2, \cdots, X_c^n) \qquad （20）$$

其中，V_c^i 指的是第 i 个子女的效用，X_c^i 指的是子女 i 的影响到家
长作风的选择。很自然地假定，X_c^i 的增加会提高父母对第 i 个孩
子的赠予，因为 X_c^i 和 V_c^i 在父母的效用函数中是互补的。

同样合理的假定是，父母对不同子女的利他主义是替代品，
因此一个子女让父母更爱他的部分代价是减少对同胞的爱。因
此，如果 X_c^i 的增加提高了对第 i 个孩子的赠予，那会倾向于减
少对同胞的赠予。因此，子女必须通过选择满足家长作风的消费
来争夺父母有限的爱。

可以假定同胞之间的竞争模型是，子女同时行动，然后父母
选择给所有子女的赠予。人们在子女的选择中寻找纳什均衡，子
女的选择取决于父母的赠予，而父母的赠予又取决于所有子女的
满足家长作风的选择。没有理由期待一个唯一的均衡，但子女

会倾向于做得"过多"以满足父母，因为他们试图在同胞中占据上风。

实际上，不仅子女选择了父母对自己的利他主义程度，这个例子还说明，从根本上说，父母也选择了自己的利他主义。设想在其他条件相同的情况下，父母会从许多不同孩子的效用变化中获得同样的快乐，其中包括几个不是他们亲生的孩子。再设想对不同孩子的利他主义是近似替代品。

父母必须决定，通过赠予、频繁接触和其他方式，培养他们对哪些孩子的利他主义。由于他们的时间和其他资源有限，培养对某些孩子的利他主义往往意味着减少对其他孩子的利他主义。他们应该培养哪些孩子呢？

很明显，在其他条件相同的情况下，他们希望培养那些能给他们带来最大利益的孩子，这使这些孩子比其他争夺成人喜爱的孩子更有优势。一般来说，自己的子女显然能让他们受益更多，因为他们与自己的子女互动更多。他们生活在同一个家庭里，在其他方面一般与自己的孩子有更多的接触。

因此，实际上我们可以说，在部分程度上，父母选择对自己的子女更具有利他主义，而不是对其他孩子更利他。而在自己的子女中，他们选择对那些行为能被父母利他主义最有利地影响的子女更具有利他主义。所谓"最有利地影响"，指的是那些能更多地用满足家长作风的选择来回应的子女，或那些在父母年老时最有可能支持父母的子女等。

第四章
理性灌输与说服 [①]

初稿，2001 年 3 月 [②]

1. 灌输与说服的本质

人们对灌输和说服的关注由来已久，但很少有讨论采用本文的方法，即假定被说服或被灌输的人是理性的。在本文中，我所说的"理性"仅是指个体最大化他们的效用，包括他们关于灌输和说服的决策。

个体不是抽象地被灌输或说服的，而是通过一个过程。例如，广告商利用电视广告推销特定产品，在这些产品周围加上旨在刺激更大需求的运动、性或其他象征。父母可能会用自己的行为或说教向孩子灌输要关心他人，特别是关心其他家庭成员。

所使用的过程可能尝试通过改变他们试图影响的人的信息和

---

① 爱德华·拉泽尔、理查德·波斯纳（Richard Posner）、伊万·韦宁（Ivan Werning）为我提供了宝贵意见，舍温·罗森（Sherwin Rosen）在去世前不久为我提供了宝贵意见。我的研究得到了奥林基金会（Olin Foundation）和芝加哥大学施蒂格勒中心（the Stigler Center at the University of Chicago）的支持。

② 未经许可不得引用。

信念，或态度和品位，来进行灌输和说服。广告商可能会提供其产品增强健康特性的信息，也可能只是展示有吸引力的人在消费这些产品。父母可能会试图解释为什么诚实是一项好原则，或者只是反复强调他们的孩子应该诚实。

无论影响的是信息还是态度，灌输和说服所使用的过程如果能提高被说服和被灌输者的预期净效用，那么灌输和说服就会受到欢迎而不是抵制。所谓"净效用"，是指扣除了经受这一过程的时间和其他成本之后的效用。同样，理性的个体也会抵制任何使他们的境况变得更糟的灌输和说服。

请注意，如果该过程本身会使一个人的境况变得更好，那么，在由该过程的影响引起的行为调整之后，一个理性的人一定会变得更好。因为他可以保持原状，不调整自己的行为，所以任何调整一定会使他变得比只经受过程本身更好。例如，如果一个理性的人喜欢一则广告，那么他就会因广告引起的商品消费的增加而变得更好。

如果一个过程本身会降低接受者的效用，那么该过程引起的接受者行为的调整就会减少对他们效用的负面影响。这些调整对效用的正面影响有可能大于该过程的负面影响。然而，这种诱发的效用净增长的情况不太可能出现，因此我将这些情况与该过程本身提高效用的情况混为一谈。

降低效用的过程似乎很奇怪，也不太可能发生，但这样的例子很多。人寿保险的电视广告中，父亲在没有人寿保险的情况下去世后，妻子和孩子一贫如洗的情况并不讨人喜欢，但这种画面被认为刺激了人们对人寿保险的需求。孩子们可能不喜欢听父母说他们老了需要支持他们，但这些说教可能会激发孩子们的愧疚感和爱，从而大大提高他们的支持。迟到的员工在听到老板关于必须按时上班的说教时可能会不高兴，但他们也可能开始为迟到感到愧疚。

当灌输和说服降低而不是提高效用时，对灌输和说服的分析就更具挑战性。如果灌输和说服能让自己的境况变得更好，那么即使是理性人也会允许自己被灌输和说服，这一点容易理解。但是，为什么理性人会忍受一个使他们的境况变得更糟的过程呢？为了尝试回答这个问题，本文忽略了能提高效用的灌输和说服。

我还聚焦于通过态度和偏好来运作的灌输和说服，而不是通过信念和信息。我相信本文引申出的大部分含义也适用于信念的情况，但我并不试图展示这一点。

2. 一个灌输的模型

从现在起，我用"灌输"一词来代表说服或灌输。讨论灌输的方法是将效用函数扩大到包括灌输过程本身。例如，父母为改变子女对自己的态度所做的努力会被纳入子女的效用函数中。广告本身会与广告商品一起被纳入广告受众的效用函数中。独裁者的照片和传教士的布道也会被纳入受众的效用函数中，同时被纳入的还有他们对独裁者的态度、他们去教堂的次数以及他们的信仰。

采用这种方法，灌输没有改变效用函数，相反，灌输过程成为这些函数的参数之一。换句话说，在这种方法中，广告、政府宣传、布道和其他类型的灌输不会改变偏好，但会增加或减少稳定偏好所带来的效用。由于每个个体都有一套独特的偏好，灌输前后的偏好是相同的，因此不会产生冲突。

通过灌输过程，灌输直接改变了效用水平，同时也改变了不同消费选择和行为的边际效用。通过一些边际效用的改变程度超过其他的边际效用，灌输会改变效用最大化的消费选择。

我的方法可以用以下效用函数来表示：

$$U = U(x, y; I) = u_t(x, y) \qquad (2.1)$$

左侧的 U 代表效用，x 和 y 代表消费品，I 代表灌输过程。在公式（2.1）中，偏好在不同时间中的稳定性是由一个假定表达的，即假定中间的 U 函数没有时间下标。

取决于 I 以及 x 和 y 的效用函数的稳定性意味着，如果 I 发生变化，给定数量的 x 和 y 的效用也会随时间发生变化。因此，仅取决于 x 和 y 的效用函数 u 有一个时间下标，这表明如果灌输量 I 随时间发生变化，即使更完整的函数 U 是稳定的，这个函数也会随时间发生变化。我们用"喜好"一词来描述只取决于消费的 u 函数。对于仅依赖于不同商品消费的喜好的不稳定性，我们的分析将其嵌入了一个框架，在这个框架中，偏好是包括灌输努力在内的一系列更广泛参数的稳定函数。

偏好函数 U 在某种意义上是稳定的，这一假定是同义反复，因为在这一函数中可以包含无限的变量。但是，偏好稳定性对于理解选择和行为来说是一个非常有用的同义反复，因为这一假定是对选择进行分析的开始，而不是结束。特别是，这个框架可以解释为什么有时很难对他人进行灌输，即使是强大的政府。理性的个体可以预见并试图抵制或避免他们不喜欢的灌输。有时，灌输者之间的竞争会提高被灌输者的效用，因为灌输者必须吸引人们参与他们的灌输活动。

对灌输的分析既取决于灌输者的动机，也取决于被灌输者的反应。我假定，灌输者希望改变人们的喜好，使其转向支持特定的商品、观念、信仰或个人。父母可能会试图让子女在他们年老时因为不提供支持而感到愧疚。广告商希望增加人们对其生产的商品的需求，公司希望提高员工的忠诚度，传教士希望增加人们对他们的仪式的出席率和对他们所倡导的教义的信仰，独裁者希望提高他们在公民心目中的尊敬。

灌输者认识到，灌输通常不是免费的，而是需要花费他们的时间和金钱。在美国，广告商花在广告上的费用远远超过 1000 亿美元，父母花时间向子女反复灌输合适的态度，独裁者则花在庆典、活动、学校、集会和宣传上，向年轻人和成年人进行灌输。

推测来看，理性的灌输者之所以愿意支付这些成本，是因为他们能从成功的灌输中获益。我假定，灌输者的效用取决于商品

x 的消费，灌输者通过比较灌输给他们带来的收益和生产灌输的成本来最大化效用：

$$V = B(x) - C(I)，其中 B' 和 C' > 0，B'' < 0，和 C'' > 0 \quad （2.2）$$

灌输者的效用取决于 B，即被灌输者消费 x 给他们带来的收益，以及 $C(I)$，即灌输的成本。灌输者选择 I 以最大化 V，受约束于 I 在增加消费 x 上的有效性。也就是说，灌输者的行为受约束于 x 与 I 之间的关系，这个关系由被灌输者的偏好和灌输市场决定。

在接受灌输努力的人中，考虑一个代表性的人。广告、集会、宣传、学校教育和其他方法被用来使他的行为转向灌输者所期望的商品。在公式（2.1）的 U 或 u 函数中，在 I 上的灌输支出试图提高 x 相对于 y 的边际效用。这意味着，被成功灌输的人会自愿增加对灌输者所期望的 x 的需求。

"灌输"和"说服"的概念而非强迫的概念意味着，被成功灌输的对象会自愿选择那些有利于灌输者的行为方式。这意味着：

$$\partial U / \partial x \geqslant 0 \quad （2.3）$$

否则，无论是在灌输之前还是之后，他们都不会自愿选择增加对 x 的消费。

由于我关注的是灌输过程对灌输对象的效用的负面影响，那么：

$$\partial U / \partial I < 0 \quad （2.4）$$

对于少量的灌输而言，对灌输对象的效用的总影响完全由该导数决定。然而，对于大量的灌输，对效用的影响还取决于灌输过程

如何改变他们对 x 和 y 的选择。

此外，即使灌输过程降低了效用，如公式（2.4）所示，效用最大化者的行为被诱导着转向灌输者所期望的 x，这种转向也会提高被灌输者（以及灌输者）的效用。因为在灌输过程结束后，被灌输者自愿地将行为转向 x，这只会是因为这能提高他们的效用。也就是说，最优消费会转向 x 而远离 y，因为在不改变价格或财富的情况下，较高的 I 会提高 x 相对于 y 的边际效用。因此：

$$\mathrm{d}x^*/\mathrm{d}I > 0 \qquad\qquad （2.5）$$

也就是说，灌输阶段必须提高被灌输的理性人的效用，即使灌输本身会降低他们的效用。人们忽略了诱导的行为变化对效用的影响与灌输过程本身对效用的影响之间的这种区别，这是因为人们还没有在假定被灌输者理性行为的框架内讨论过灌输问题。

大多数关于灌输的讨论都假定，被灌输者被洗脑或精神恍惚，无法维护自己的利益。这有时可能是对的，但我们可以用一种有意义的、有见地的方式来讨论灌输，同时仍然保持被灌输者是理性的和效用最大化的假定。

这种方法承认，灌输活动可能通过灌输过程对个人效用产生负面影响，从而对个人造成伤害，如公式（2.4）所示。但是，被灌输的理性人能够最大限度地利用糟糕的交易，他们会转向更多的 x，因为这是被灌输过程诱导的。他们消费更多的 x 并不是因为他们被洗脑了，而是因为在他们接触到了灌输过程的情况下，这种做法提高了他们自己的效用。

不过，我们也必须认识到，给定他们受约束于灌输过程，虽然转向更多的 x 会使理性个体的境况变得更好，但这并不意味着他们会比没有被灌输时更好。事实上，如公式（2.4）所示，如果灌输过程本身使他们的境况变差，那么灌输过程中的微小变化都肯定会使他们的境况变差，较大的变化也可能使他们的境况变差。

3. 不同"市场"条件下的灌输

然而，这一结论提出了一个根本性的问题，为什么理性个体会让自己接触一个使他们的境况变得更糟的灌输过程？当然，他们可能没有完全预见到有害的影响，但他们不会心甘情愿地去做任何让自己变得更糟的事情。因此，如果他们预见到了负面影响，他们要么被迫接受这种接触，要么必须因这种接触而得到补偿。本节比较了不同条件下均衡时的灌输量，这些条件决定了灌输者接近他们想要灌输的人的难易程度。

A. 强迫

对灌输者最有吸引力的情况是，他们想要灌输的人无法拒绝接触灌输过程。在子女年幼时，父母对他们的子女就有这种权力。即使是民主政府也会强迫儿童入学，在学校他们会被灌输。政府还经常要求年轻人服兵役和参加其他活动，在这些活动中他们也会受到灌输。极权政府也会做这些事情，但除此之外，他们还可能要求人们参加集会和游行，灌输政府企业的员工，并利用公共街道和电波进行进一步的灌输。

当被灌输者可以被迫接触灌输过程时，灌输者就不必担心对灌输对象的效用的影响。他们就会选择灌输量来最大化公式（2.2）中自己的效用，而无须关注对被灌输者的效用的影响。其最大化的一阶条件仅是：

$$B'(x)\mathrm{d}x/\mathrm{d}I - C'(I) = 0 \qquad (3.1)$$

典型的被灌输者的导数 $\mathrm{d}x/\mathrm{d}I$ 和作为 I 的函数的最优 x，取决于他们的预算方程和一阶最大化条件。有了这些，公式（3.1）就可以得出在可以强迫的情况下，I^* 和 x^* 的最佳水平。

该式表明，即使在灌输者可以强迫接受接触灌输过程的情况下，灌输者打算用于灌输的资源数量也会受到灌输过程的成本的限制。这些成本包括父母在说服子女上花费的时间和物品，以及政府在相关教育上花费的资源。然而，灌输者想要花费的资源还以一种更有趣的方式受限制于 $\mathrm{d}x/\mathrm{d}I$，即灌输支出在产生灌输者想要的商品的额外消费方面的有效性。

尽管父母对养育子女活动的垄断使他们对子女的道德、忠诚和动机的形成拥有巨大的权力，但是父母的影响力也是有限的。例如，在传统社会中，几乎所有的父母都会努力向子女灌输某些观念，引导他们在父母老年时支持父母。大多数父母确实在一定程度上取得了成功，因为在这些社会中，老年支持的主力来自子女。但是，尽管父母和社会都在努力灌输，仍有相当多的子女粗暴地对待年迈的父母。

B. 灌输的垄断

通常情况下，如果个人愿意，是可以避免灌输过程的。一种情况是灌输者垄断了灌输，因此个人唯一的选择就是接受灌输还是不接受。

在这种情况下，理性人如果预期自己的境况会变得更糟，由于他可以避免这一过程，他就不会接受灌输过程。垄断性灌输者必须考虑到这一点，但仅限于确保他们想灌输的人不会比没有灌输的时候变得更糟。

垄断性灌输者在公式（2.2）中最大化其效用函数，但他们必须受约束于激励兼容的条件，即他们的灌输不能让灌输对象的情况更糟。如果接触灌输者的间接效用函数表示为 $E(I, W, p)$，其中 W 是他们的财富，那么对垄断性灌输者的约束是：

$$E^*(I^*, W^*, p) = E^*(0, W, p) \qquad （3.2）$$

右边给出了灌输对象没有接触灌输时的最优效用，左边给出了他们接触 I^* 时的最优效用。

如果灌输过程降低了被灌输者的效用，如公式（2.4）所示，那么灌输者必须给予他们足够的补偿，从而在均衡状态下，他们才不会比没有灌输时糟糕。我们假定他们通过货币转移得到完全补偿，定义为 $g = W^* - W$，尽管他们往往是被商品和服务补偿的。例如，电视广告商补偿不喜欢他们广告的观众的方式是，连同着广告提供观众确实喜欢的节目。

如果在公式（2.2）中从灌输者的效用函数中减去转移支付，那么在公式（3.2）的约束下，为最大化效用，I 和 g 的一阶条件意味着

$$B'(x)\mathrm{d}x/\mathrm{d}I - C'(I) = -E^*I/E^*g \qquad （3.3）$$

由于 $E^*I < 0$，如果灌输过程降低了效用，则该式的右边必须为正值。因此，垄断者灌输到这样一个点，他从灌输中获得的边际收益超过了灌输过程的边际成本。

比较公式（3.1）和公式（3.3）可以看出，垄断性灌输者的灌输量少于能够强迫对象服从灌输过程的灌输者。垄断者有着灌输的额外成本，因为他必须补偿在灌输过程中对象受到的任何伤害。即使补偿是一次性的并且是用严格的货币形式，补偿的需要也会降低最优的灌输努力。

造成这种情况的技术原因是，当被灌输者能够被迫服从灌输过程时，灌输者的均衡边际收益等于他们的边际灌输成本。灌输过程使这些被灌输者的境况变得更糟，但一个强大的灌输者不必担心他们的福利。然而，由于一个垄断者不能强迫被灌输者服从灌输，他也就不能让他们的效用降到他们没有被灌输时的水平以下。

垄断者可以在不降低自己效用的情况下提高被灌输者的效用，方式是在可以强迫时，在灌输者的边际成本等于他的边际收

益的均衡下，略微减少灌输支出。这直接意味着，垄断者在灌输上的花费要少于可以使用强迫手段的灌输者。如果被灌输者的效用仍然低于他们没有接受灌输时的效用，垄断者就必须进一步减少灌输支出，并进一步增加货币补偿，直至达到垄断均衡，即被灌输者的情况不会比没有灌输时更糟。

C. 竞争性的灌输

特别是在市场组织的民主社会中，大多数灌输都是在竞争条件下进行的。公司做广告来说服消费者购买更多产品，但他们必须认识到，他们正在与许多其他广告商争夺消费者的注意力和金钱。政治家试图培养追随者，但他们必须与做法相同的其他政治家竞争。

灌输者之间竞争的主要效应是将灌输的部分剩余分配给被灌输者。不是他们的均衡效用因灌输而保持不变，相反，由于灌输者之间的竞争，一些剩余被重新分配给了被灌输者，这使灌输对象和灌输者的境况都因灌输而变得更好。

这种租金重新分配的效果可以通过首先求出公式（3.2）中针对 E^* 的微分来展示：

$$E^*IdI + E^*gdg = dE^* > 0 \qquad (3.4)$$

人们可能会认为，灌输者提高灌输对象效用的最优方法就是简单地增加货币转移。但是，如果财富的边际效用对被灌输者来说是递减的，那么这种做法就不是有效的。

从公式（3.3）关于灌输者的均衡条件中很容易看出这一点。如果只有 g 增加，那么右边的分母就会被减少，因为被灌输者从更多财富中获得的边际效用递减。假定财富边际效用的减少并不会大大降低灌输过程的边际负效用——更多的财富往往会增加这种负效用——g 的增加会使公式（3.3）的右边上升。若要恢复均衡，则左边也必须增加，而这只有通过减少灌输支出才能实现。这表明，灌输对象的效用不会仅通过增加货币转移来增加，灌输者之间的竞争也会减少灌输。

我们可以通过如下来总结本节的结果。

命题：灌输支出和灌输量的排序是 $I^*f > I^*m > I^*c$ 和 $x^*f > x^*m > x^*c$。当个人可以被迫服从灌输过程时，灌输量最大；当灌输者是垄断者，不能使被灌输者的情况比没有灌输的情况更糟时，灌输量较小；当灌输者必须竞争灌输机会时，灌输量最小。

第五章
关于成瘾、家庭和公共政策的一些文章

2000 年 5 月
为朝圣山学社会议准备，智利圣地亚哥，2000 年 11 月 13 日

现代经济学对成瘾的分析得出的一些结论，对于了解毒品需求的决定因素，以及毒品需求如何对毒品价格和家庭结构的变化做出反应，具有重要意义。这些文章概述了相关分析。

1. 成瘾的经济理论

许多物质，包括烟草、酒精、海洛因和可卡因，都被证明具有"成瘾性"，即现在增加对这些物质的消费，会促使将来更多的消费。然而，成瘾的经济理论并不意味着烟草、可卡因或其他物质的重度使用者会永远保持上瘾。它可以解释为什么大多数年轻的成瘾者最终会戒掉他们的瘾。

可以肯定的是，这一理论意味着成瘾通常只能通过"冷火鸡法"① 来结束；也就是说，只能通过突然停止使用来结束。心理

---

① 由于硬性脱毒不使用任何药物，病人会出现明显的戒断症状，全身起鸡皮疙瘩，故名冷火鸡法。——编者注

学家和其他人的各种研究都支持该理论的这些含义。

物质成瘾看起来要么始于生命早期，要么根本从未开始。所谓早期，主要是指 13 岁至 20 岁。很少有重度吸烟者或经常使用快克可卡因（crack cocaine）的人是在 20 岁出头后开始上瘾的。同样，大多数人也是在 25 岁左右结束成瘾的——如果他们这样做的话。

在容易受影响的青少年时期开始物质成瘾表明，同伴和其他社会压力是毒品使用的特别重要的决定因素。许多商品的消费都深受他人消费的影响，但对于成瘾性物质和年轻人来说，社会影响往往特别强大，尽管很难从消费数据中梳理出社会影响的经验支持。尽管如此，间接证据仍然相当有力地表明，同伴压力对酗酒、吸烟、吸毒和其他成瘾行为非常重要。

毒品和其他物质成瘾开始于早期意味着，父母和家庭结构是决定孩子是否成瘾的主要因素。父母对子女偏好的形成有着巨大的影响。特别是，如果父母酗酒、吸烟，子女就更有可能酗酒、吸烟。

此外，父母离婚后，孩子往往会变得物质成瘾，在单亲家庭中长大的孩子更容易酗酒、吸烟。离婚增加了在校孩子表现较差和中学辍学的倾向。

父母也会通过他们的决策，如在哪里居住、子女就读哪个学校等，极大地影响子女所经历的同伴压力的类型。推测来看，父母做出包括居住在哪里和是否离婚在内的决策时，会考虑到同伴和其他方面对子女的影响，尽管有些父母比其他父母更重视自己的行为对子女产生的积极或消极的溢出效应。

2. 理论的含义

前文勾勒的物质使用的开始和随后成瘾的理论有着各种含义，这些含义是关于价格变化和其他力量的反应的，本节将简要讨论这些含义。与许多对成瘾者的看法相反，这一理论意味着，成瘾性消费会对价格变化和其他影响成瘾性商品需求的力量产生高度反应。

例如，香烟或可卡因价格的意外永久性上涨，最初的影响可能很轻微，因为成瘾者被过去的消费"锁定"了。但随着时间的推移，他们的消费累积会逐渐下降，因为消费的每一次下降都会促使未来的消费进一步下降。这就意味着，与"类似的"非成瘾性商品相比，成瘾性商品的长期价格反应往往会更大，尽管成瘾性商品对意外价格变化的短期反应会相对较小。

对香烟需求的价格反应已经有了广泛的研究，这是一种高度成瘾性的商品。证据表明，需求的长期价格弹性超过 0.7，与其他商品的估计弹性相比，这个数值相当大。此外，即使是吸烟的短期价格反应也不小。

社会互动理论意味着，受同伴群体压力影响的商品往往也会对影响到群体中每个成员消费的共同冲击做出不同寻常的反应。

考虑价格的一个永久性变化的影响，这种变化最初会降低每个成员的需求。然后，由于其他成员也减少了消费，每个成员都进一步减少了消费。如果社会乘数很大，那么总的下降幅度就会很大。事实上，总需求可能会发生爆炸性变化，因为这个乘数可能大到足以造成不稳定的需求。

对于既容易上瘾又对同伴压力敏感的商品来说，这种对价格和其他共同冲击的爆炸性反应尤其可能发生。在那种情况下，即使是中等程度的成瘾性和中等程度的社会压力也会相互作用，使总消费对价格和其他影响所有成员的变量的变化产生巨大的敏感性。

在过去 40 年中，家庭的革命性变化可能也在成瘾物质的需求上留下了印记。与我们的意图最相关的变化是出生率的急剧下降、大多数发达国家（以及许多发展中国家）离婚率的快速增长、未婚母亲比例的上升以及已婚女性劳动参与率的大幅提高。

出生率的下降可能有助于降低孩子成瘾的倾向。因为当父母的子女较少时，他们会在每个子女的偏好和人力资本上投入更多。

然而，家庭结构中的大多数其他重大变化可能会增加孩子染上物质成瘾的可能性。证据表明，离婚率的大幅上升，以及未婚年轻女性有子女的比例的急剧上升，尤其有可能产生这种影响。

第六章
晋升锦标赛、权力、收入和冒险

初稿，1991 年 7 月

社会学家总是谈论不同工作、社会阶层和种族群体中人们之间的权力关系，而经济学家却很少对此给予关注。然而，就人们对权力的重视程度而言——大概大多数人都喜欢权力——那么权力的分配就应该是工作分配的一部分。我将说明，将权力纳入其中有助于解释一个重要的谜题，而通常的分析不能很好地解释这一谜题。

这个谜题可以从一个组织——比如一家公司——的层级模型中看出。总裁位于最高层，权力最大，因为他的决策会影响到下面的每一个人。副总裁的权力次之，依此类推，权力随着层级的下降而递减。最底层的员工权力最小。

如果把权力看成一种商品，那么总裁从这个商品中获得的效用最大，而员工获得的效用最小，或者说负效用最大。难道总裁不应该得到最低的工资，而员工得到最高的工资来补偿他们的权力缺失吗？如果假设所有员工的能力相同，那肯定是这样。但是，由于总裁拥有最大的权力和影响力，让最有能力的人担任最高职位是有好处的。由于能力的提升，工资和权力都可能随着层级提升而上升。

当然，能力和人力资本确实会随着在层级中的职位而提升，但由于权力也会上升，因此这一论点并不能保证收入会随着权力的上升而上升，而不是下降。按能力对人进行排序只是意味着效用会随着在层级中的职位的提升而上升。因为根据定义，权力会随着职位的提升而提升，如果权力会提高效用，那么即使收入下降，效用也会上升。

另一种在层级中排序的方法基于这样一个事实，即大多数较高级别的任命都来自组织内部的晋升。如果关于努力程度的私人信息很重要，公司可能让员工参加一个比赛，获胜者将获得晋升，以此鼓励员工努力工作。罗森（Rosen）的研究表明，如果同质的员工参加比赛，比赛中产出是随机决定的，那么收入必须随着职位的提升而提升，这样才能鼓励员工努力工作。最终，收入必须随着职位的提升而以一个凸率提升。

这个分析忽略了来自权力的直接效用。实际情况是，效用必须随职位的提升而提升，但收入不一定如此。

在这些比赛中，薪酬和效用存在不确定性，因为晋升以及收入取决于影响产出的随机变量。如果效用函数是收入的凹函数，那么结果的不确定性就意味着平均收入必须足够高，以补偿参赛者承担的比赛风险。

考虑一个承认效用取决于权力（P）和收入的比赛：

$$U = U(E,P), \begin{matrix} U_e > 0, U_{ee} < 0 \\ U_p > 0, U_{pp} < 0 \end{matrix} \bigg\} \qquad (1)$$

假定效用仅在 P 和 E 中是凹的。同样可以合理地假定：

$$\frac{\partial^2 U}{\partial E \partial P} = U_{pe} > 0 \qquad (2)$$

权力的增加会提高收入的边际效用。有几种方法可以证明这一点；例如，拥有一份有权有势的工作所带来的声望提供了进入更高的社会阶层和高级俱乐部等的许可。这一假定对我的分析很重要。

公式（1）和公式（2）与 U 在 E 和 P 上共同为凹或凸这一点是一致的。效用是联合凸或凹的，如下：

$$U_{ep}^2 \gtrless U_{ee} U_{pp} \qquad (3)$$

我首先假定 U 在 E 和 P 上是凸的。这样设计 E 和 P 关系的目标是，给定 E 和 P 的关系，利用这种凸性使 U 随着 E 的变化而变凸。这样的凸性是通过让收入随着层级中权力的提升而上升来实现的。

通过让收益与权力线性相关，很容易看出这一点：

$$E = a + bP \qquad (4)$$

其中仅当 $b > 0$ 时，E 和 P 共同移动。如果 $b < 0$，更高的收入补偿更少的权力。考虑到公式（4）给出的 P 的隐含变化，U 相对于 E 的总微分是：

$$\frac{dU}{dE} = U_e + U_p \frac{dP}{dE} \qquad (5)$$

$$\frac{\mathrm{d}^2 U}{\mathrm{d}E^2} = U_{ee} + U_{pp}\left(\frac{\mathrm{d}P}{\mathrm{d}E}\right)^2 + 2U_{ep}\frac{\mathrm{d}P}{\mathrm{d}E} \qquad (6)$$

根据公式（4），二阶微分变成：

$$\frac{\mathrm{d}^2 U}{\mathrm{d}E^2} = U_{ee} + \frac{U_{pp}}{b^2} + \frac{2U_{ep}}{b} \qquad (7)$$

显然，给定 $U_{ee}<0$，$U_{pp}<0$ 和 $U_{ep}>0$，只有当 $b>0$ 时公式（7）才可能是正值：只有当一项工作的收入与权力正相关时。此外，如果 U 在 E 和 P 上是联合凸的，很容易证明确实存在 $b>0$ 的值使得 $\mathrm{d}^2 U / \mathrm{d}E^2 > 0$。然而，如果 U 是联合凹的，那么任何 b 值都无法使公式（7）的右边为正值。

当参加比赛的员工在收入上有着递增的边际效用时，那么所有者的境况会变得更好，因为这些员工愿意冒险。也就是说，他们愿意用较低的预期收入来换取一种特权，即参加收入和权力的结果都不确定的一个比赛的特权。这样，比赛就达到了两个目的：激励员工更加努力工作，通过降低补偿的平均水平来减少成本。

在一开始我指出，收入和权力之间的正相关关系似乎会浪费公司的钱，因为它对较高层级的员工进行了双重补偿：更大的权力和更多的金钱。但事实证明，在事先不知道输赢的比赛中，这与事实恰恰相反。只有收入和权力之间呈正向关系，才能通过为员工提供同时在权力和收入上冒险的机会，从而为公司节省钱。

只有当效用在权力和收入上是联合凸时，才能证明这一点。我不想争辩，也没有必要争辩凸性是合理的。也许效用在 E 和 P 中既是单独地凹，又是联合地凹。这样看来，员工似乎不想赌博，因为他们的效用函数的二阶微分是负的。如果收入与权力之

间的关系是线性的，那么情况确实如此。但如果有适当的非线性
关系，即使效用函数是完全凹的，企业也能让员工愿意在收入和
权力上冒险。

如果 E 和 P 之间的关系不是线性的，则公式（6）中的二阶
总微分扩展为：

$$\frac{\mathrm{d}^2U}{\mathrm{d}E^2} = U_{ee} + U_{pp}\left(\frac{\mathrm{d}P}{\mathrm{d}E}\right)^2 + 2U_{ep}\frac{\mathrm{d}P}{\mathrm{d}E} + U_p\frac{\mathrm{d}^2P}{\mathrm{d}E^2} \qquad (8)$$

如果 U 是凹的，根据凹函数二次型负定性，前三项之和必须为
负。但是对取决于 $E - P$ 关系的项 $U_p(\mathrm{d}^2P/\mathrm{d}E^2)$ 没有限制。如果
$\mathrm{d}^2P/\mathrm{d}E^2$ 为正，即如果 E 是 P 的凹函数，则该项为正。

因此，如果 U_p 足够大，并且在扣除 P 的相应变化后，E 被
做成 P 的一个足够凹的函数，那么效用就可以在 E 上凸。那么，
即使在效用函数完全为凹的情况下，员工也愿意为参与晋升锦标
赛的特权而付费，这个锦标赛同时涉及收入和权力。企业通过使
收入回报与更大的权力相挂钩的方式，将员工转变为同时在收入
和权力上冒险，从而降低成本。

请注意，在彩票市场上，这种冒险不可能因为效用函数只对
收入呈凹性而只在收入上成立。这种冒险本质上需要收入和权力
之间的关联，因此只能由一个组织（如公司）来提供，这个组织
能将效用函数的这两个参数结合在一起。

还要注意的是，收入所需的权力凹函数与罗森提出的收入和
层级水平之间的凸关系可能是一致的。如果权力是一个比收入更
凸的层级水平的函数，那么它们将是一致的。

第二部分

解释喜好

我将 P 解释为"权力"，但除了权力随着职位的提升而上升外，我还没有引入过这种权力的任何特性。我们可以定义 $P = s(H)$，其中 H 是在层级中的职位，s 是低于 H 的工作岗位的比例。然后 $0 \leqslant s \leqslant 1$ 和 $s' \geqslant 0$。如果 $E = E(H)$，从而收入就与工作岗位一起变动，那么 $P(E)$ 就给出了 P 和 E 对 H 的隐含关系。

为了某些目的，我们不妨直接处理以下函数：

$$P = s(E), \ 0 \leqslant s \leqslant 1, \ 和 \ s' \geqslant 0 \tag{9}$$

其中，s 给出了层级中收入小于或等于 E 的人的比例。效用函数：

$$U = U[E, s(E)], \ U_s > 0 \tag{10}$$

可以解释为，假定效用是通过成为小池塘里的一条大鱼而产生的（Frank，1984）。

如果每个人的喜好和生产力都相同，那么就没有办法对那些从事较低层次工作的人进行事后补偿，因为他们的收入必然较低，因此权力也较小。这就是弗兰克假定喜好的异质性的原因。

但每个人，即使是相同的人，都可能参与一场冒险，而这场冒险事后给出的要么是高的 E 和 s，要么是低的 E 和 s。U 关于 E 的二阶导数如下，关于 s 的也是如此

$$\frac{\mathrm{d}^2 U}{\mathrm{d}E^2} = U_{ee} + U_{es}s' + U_{ss}(s')^2 + U_s s'' \tag{11}$$

企业会努力寻找一种薪酬结构，在给定总支出的情况下，使公式（11）的右边尽可能大。

根据前面的论点，如果 U 在 E 和 s 上是联合凸的，则存在一种在不同工作上的薪酬的均匀分布（$s'' = 0$），它使公式（11）

右边的前三项之和为正值。如果 U 是完全凹的话，这是不可能的。但即便如此，如果 E 不均匀分布，密度随着工作层级的提高而上升（$s'' > 0$），会使 $\mathrm{d}^2U/\mathrm{d}E^2 > 0$。换句话说，一个足够凸的收入累积分布可以诱使员工为参加晋升锦标赛的特权而付费。

在某些工作区域，企业实际的收入累积分布是凸的，但在最高端区域可能不是。因此，上述分析了为了诱使员工想为参加锦标赛的特权而付费需要什么，而实际分布是否与上述分析一致，并不明显。

在所有情况下，企业的目标都是设计一种薪酬制度，在薪酬总支出给定时，最大化典型的员工–参与者的预期效用。这样，市场均衡条件就能使薪酬支出减少到这样一个程度，即最大化预期效用等于参与者在其他企业所能获得的效用。

可能看起来每个参与者的冒险都会给其他参与者带来一种外部性，因为任何人都只能通过降低其他参与者的权力来获得更多权力。但这种外部性被企业内部化了。通过最大化参与者的冒险价值（给定总报酬），企业选择了最有效的博弈，考虑到了所有外部性。

这种外部性的内部化使企业内部的权力和收益冒险与市场上的冒险区别开来。比如说在收入排名很重要的市场冒险中，每个冒险者没有将对他人的负面影响完全内部化。因此，与偏好于成为汪洋大海中的一条中等大小的鱼相比，偏好于成为小池塘中的一条大鱼是有社会价值的。池塘的所有者——在我的例子中是企业——会将成为大鱼的竞争所带来的外部性内部化，而"汪洋大海"没有能将这种竞争内部化的所有者。

公式（1）~ 公式（8）使用了一个名为"权力"的变量，但并没有利用权力的任何特性——这在公式（9）和公式（10）中完成了。问题出现了：这些分析有多少会适用于来自不同工作的任何类型的非金钱回报？如果 P 指的是一般的非金钱或享乐属性，那么 $U_{ep} > 0$ 就不一定合理。但这个假定的必要性有多大？我表明了，如果 P 和 E 是线性相关的，而且 U 在 P 和 E 上是联合凸的，那么 $U_{ep} > 0$ 就是必需的。

但如果 U 在 P 和 E 上是凹的，那么当 P 和 E 线性相关时，即使 $U_{ep} > 0$ 也不能产生冒险的欲望。我表明，有必要在 P 和 E 之间有一个凸关系。然而，有了足够凸的关系，可能就不需要 $U_{ep} > 0$。事实上，如果 $U_{ep} < 0$，那么 P 和 E 之间可能需要一个凸的部分负相关的关系。

由于公式（8）中的 U_p 和 $\mathrm{d}^2 P / \mathrm{d} E^2$ 与 U 的凹程度完全独立，无论 U_{ep} 的符号如何，看起来都可能通过选择 $P-E$ 的关系使 $\mathrm{d}^2 U / \mathrm{d} E^2 > 0$。但不确定这一论点是否完全有效。但显而易见，这个论点不适用于任何两类工作（或职业），因为它依赖于收入与工作类型之间关系的二阶导数。

第三部分

家庭生产和人力资本

导言

在职培训、市场和非市场人力资本的保险以及对子女的投资

不同的约束对不同情况起着决定性作用，但最基本的约束是有限的时间。

——加里·S. 贝克尔，诺贝尔奖演讲，1992 年

现代教育经济学的研究始于 20 世纪 50 年代，西奥多·舒尔茨、雅各布·明瑟（Jacob Mincer）、舍温·罗森（Sherwin Rosen）、加里·贝克尔、菲尼斯·韦尔奇（Finis Welch）和其他一些人的研究。这一新文献将教育视为一种既有成本又有回报的投资。所分析的回报主要是指接受更多教育所带来的收入增长。成本包括学费、杂费和其他与教育直接相关的费用，以及因在上学而不是在工作所放弃的收入。

贝克尔在其关于人力资本的经典研究中，运用资本理论解释了在个人的教育、培训、健康和知识方面的投资，并考虑了这些投资对市场和非市场活动的生产率的影响。此后开展的大多数经

第三部分
家庭生产和人力资本

验研究都发现，教育对人们的收入以及健康、育儿和犯罪等其他变量有显著影响。

本部分的开篇论文可能是贝克尔对其人力资本理论的首次近似表述。这是他 1957 年夏天在兰德公司时撰写的内部工作论文。该论文采用经济分析来分析了 1957 年科迪纳委员会（Cordiner Committee）报告中的建议，该委员会成立的目的是研究军人薪酬问题，因为人们担心技能熟练人员的再入伍率较低。

美国通用电气公司（General Electric Company）总裁拉尔夫·科迪纳（Ralph Cordiner）在向国会发表的声明中说："和一个由杰出公民组成的委员会一起，我有机会了解到为什么最有前途的技能型年轻军官和士兵大量离开武装部队，以及如何才能留住他们，让他们在为国效力的职业生涯中有所作为。"《科迪纳报告》（*Cordiner Report*）的主要建议是根据技能、天赋和责任提高军人薪酬，以此来解决难题。

26 岁的贝克尔处理相同的难题，但他的方式是通过解决一个不同的问题："军队应该支付技术人员的培训费用吗？"在解决这个问题时，贝克尔提出了可转移和不可转移的在职培训的概念，从而迈出了他的人力资本理论和员工与企业关系研究的第一步。他后来在诺贝尔奖演讲中指出："人力资本分析中最有影响力的理论概念之一，就是区分一般的和特定的培训或知识。"

在这个早期版本中，贝克尔声称："如果培训不是可转移的，均衡工资率就会简单地等于边际产品；因此，不可转移的在职培训成本应由聘用者支付，就像其他任何不可转移的培训成本一样。"后来，他在《人力资本》（*Human Capital*）中指出："（分析中）最后一步会是将一些培训成本和回报转移给受聘者，从而使供给与需求更加一致。当最后一步完成时，企业不再支付所有的（特定的）培训成本，也不再收取所有的回报，而是与员工分享这两部分。"有趣的是，在贝克尔的职业生涯中，他在很多场合使用兵役的案例来阐述不同的观点。他提出过一个支付费用给器官捐献者以有效消除器官短缺的提议，这个提议有争议，针对那些反对这个提议的论点，他将这些论点与支付市场工资以吸引志愿参军的论点进行了比较。发生过一次剧烈的政策变动，用曾有争议的志愿参军提议来取代征兵，从这次政策变动的经验中，贝克尔认识到，有效的政策需要时间来实施，正如我们将在第四部分的导言中讨论的那样。

人力资本研究的一个重要部分涉及时间的使用。在《时间分配理论》中，贝克尔对教育、培训和所有其他非工作活动的时间分配开发了一种一般性的处理。

贝克尔在研究的开头指出："纵观历史，花在工作上的时间从来没有一贯地大大超过花在其他活动上的时间。即使每周工作6天，每天工作14小时，仍留有总时间的一半用于睡觉、吃饭和其他活动。经济发展导致每周工作时间的大幅长期下降……因此，对经济福利而言，非工作时间的分配和效率现在可能比工作时间更为重要；然而，经济学家对后者的关注却使对前者的任何

第三部分
家庭生产和人力资本

关注相形见绌。"

他还指出："花在工作上的时间长期减少，部分原因是年轻人越来越多地通过延长受教育时间来推迟进入劳动力市场……大多数经济学家现在已经充分理解了教育过程中放弃的收入的重要性……令人惊讶的是，经济学家对时间的其他非工作使用却没有同等精深的研究。例如，像剧院等服务或肉类等商品的成本通常被简单地说成等于其市场价格，但每个人都会同意，观剧甚至用餐都花费时间，就像上学一样，而这些时间往往本可以用于生产。"

贝克尔的时间分配理论为分析家庭生产以及市场和非市场部门之间和内部的时间分配奠定了基础。他的理论核心是家庭既是生产者也是消费者。现在，经济学中对时间分配的分析不仅用于讨论为了获得报酬的工作时间，还用于讨论学生投资于教育和其他人力资本的时间，以及经济发展过程中时间分配的变化。家庭生产理论已成为分析人力资本和生育决策的关键，也越来越多地应用于技术进步的微观和宏观方面，不仅是市场中的技术进步，还包括家庭中的技术进步。

第八章是贝克尔对 1965 年论文的思考。它讨论了一生中时间和商品在消费、人力资本投资和劳动参与三大领域的分配问题。1965 年论文只考虑了某一时刻在各种消费和时间使用之间的分配；本部分这个较晚的讨论将分析推广到了跨期决策和人力资本投资。

家庭经济学

阿吉亚尔（Aguiar）等在研究中考察了电子游戏和其他电脑娱乐活动如何通过改进闲暇技术来影响工作时间。他们的研究表明，这些变化是过去 15 年中 21 岁至 30 岁年轻男性工作时间减少的原因。

贝克尔的思考本来要刊登在《经济学期刊》125 周年纪念刊上，1965 年论文就被刊登在这个期刊。贝克尔未能完成和将论文寄给编辑，因此，作为替代，詹姆斯·赫克曼的引言以及皮埃尔–安德烈·基亚波里（Pierre-André Chiappori）和阿瑟·卢贝尔（Arthur Lewbel）的短评被收录其中。

关于贝克尔的时间分配理论的影响，赫克曼说："尽管其他人已经形成了有相似特征的分析框架，但贝克尔的伟大贡献在于运用该模型解释了一系列广泛的经验现象，启发了他之后的几代人对家庭生产的经济学的研究。人力资本的非市场生产概念、儿童、健康、生命价值、交通、在职时的闲暇消费等只是这些观点众多应用中的一小部分。贝克尔的文章还促进了对家庭生产中时间使用数据的收集。"

基亚波里和卢贝尔在他们的结论中指出："贝克尔的家庭经济学方法如今已成为主流，以至于人们很难认识到他的模型和方法在当时是多么具有革命性。许多研究者公开敌视贝克尔的做法，即将数理微观经济学工具应用于家庭内部决策。许多人认为贝克尔的分析是没有结果、意义空洞的，用这样的术语来思考相亲相爱的家庭被认为是冷酷和不道德的。与此相反，如今存在的大量家庭经济学文献证明了贝克尔的方法是有道理的。"

在第九章中，贝克尔使用家庭生产方法来分析和区分市场和非市场人力资本的保险。这一分析扩展了他与艾萨克·埃利希（Isaac Ehrlich）早先关于保险与自我保护的研究，将用于家庭生产的时间及其成本融合到了保险难题中。这对于考虑专门从事家庭生产的家庭成员的保险，以及考虑非市场人力资本和家庭成员之间的健康差异方面尤为重要。

贝克尔发展人力资本理论的主要动机之一是理解收入不平等。在第十章和第十一章中，贝克尔搭建了一个简单的结构，批判性地思考《2012 年总统经济报告》（*2012 Economic Report of the President*）中提到的代际流动性和收入不平等之间的负相关的证据（图 3.1）。

在跨国比较中，美国代际收入的高度持久性尤其值得注意。有学者进行了这样的比较，比较中发现美国男性的代际收入弹性（intergenerational earnings elasticity，IGE）平均估计值为 0.47，虽然低于英国（0.50）等国家的代际收入弹性，但远高于瑞典（0.27）、挪威（0.17）、芬兰（0.18）和丹麦（0.15）等国家男性的代际收入弹性。还有研究也比较了一些相似国家的男性代际收入弹性，报告了类似的估计值。

虽然有许多因素造成了代际流动性的跨国差异，但一个明显的模式是，代际流动性较高的国家往往也具有较低的时点上的收入不平等。

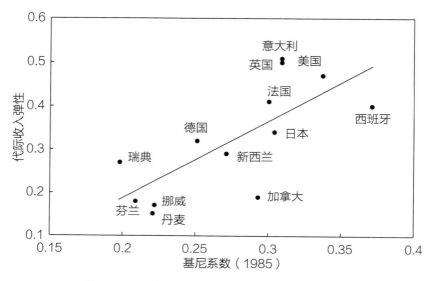

图 3.1 了不起的盖茨比曲线：不平等与代际流动

资料来源：迈尔斯·科拉克（Miles Corak）。

　　正如其他研究所表明的，代际收入弹性与不平等之间的正相关关系——克鲁格将这种关系称为"了不起的盖茨比曲线"——对于国家、代际流动性衡量方法以及衡量收入不平等的年份等其他替代性选择都是稳健的。这种稳健的关系表明，至少有一些驱动收入不平等的相同机制也会驱动代际流动。

　　例如，教育回报率的上升可以预期同时导致时点收入不平等的上升和代际流动性的下降，因为代际间的教育获得是正相关的。

第七章

军队应该支付技术人员的培训费用吗

兰德公司文件，D-4508，1957 年 8 月 15 日

上升的政府开支和低的再入伍率，最近这两个因素结合在一起，促使人们重新审视军队人员政策。在政府层面，这个问题在科迪纳报告中已经告终；而在经济的私人部门，兰德公司和其他机构也进行了几项研究。科迪纳报告指出，高技能人员的再入伍率特别低；这主要是由于与民用部门工作相比的低薪酬造成的；这是一种非常大的浪费，因为训练未能重新入伍的人员耗费了大量的军费；解决这一难题的一种方法是提高薪酬，使军队中的职业与民用部门职业相比，有经济上的竞争力。兰德公司的阿兰·恩托文（Alain Enthoven）也提出了类似的分析和建议。笔者衷心地认可这个建议，因为它肯定会改善问题。然而，人们显然没有注意到，即使以理想的方式执行这一建议，也不会产生最优的政策。最优的政策不仅会提高整个国家的资源配置效率，而且对于军队而言也更便宜。不过，可能需要对军队人员招募政策进行一些重大调整。

拟采用的模型如下。假定入伍时间为 n 年，在此期间，入伍者接受特定工作的培训，如飞行员、雷达修理工等。期满后，他

可以选择重新入伍或辞职。军队为了确保大部分人员重新入伍，会向任何重新入伍的人员提供时间序列上的支付流，其现值等于他在民用部门工作所能得到的支付流的现值。仅为简单起见，假定军事生活与民用部门生活相比不存在非金钱方面的净优势或劣势，因此军事薪酬与民用部门薪酬相等就能保证很大一部分新兵重新入伍。假定军队的行为是理性的，即军队"聘用"的人数应使边际产品流的现值与成本的现值相等。假定民用部门的行为也是如此。最后，假定民用部门从军队或民用的培训学校中获得技术人员。

让我们来看看民用和军事部门的均衡条件。每个辞职并进入民用部门工作的新兵获得现值为 P_c 的收入，拥有现值为 MP_c 的边际产品；民用企业处于均衡的条件时：

$$P_c = MP_c \tag{1}$$

每个决定继续从军的新兵获得 P_m 的收入，拥有的边际产品是 MP_m。不能说军队的均衡条件是 $P_m = MP_m$，因为军队也必须考虑第一期的成本和生产率。由于培训的成本可能很高，因此在第一期，军队的成本很容易大大高于生产率。让 t_m 代表第一期结束时新兵的成本与生产率之差的值。在均衡状态下，每人的总成本应该等于边际生产率，即

$$P_m + t_m = MP_m \tag{2}$$

由于 $P_m = P_c$ 和 $P_c = MP_c$，

$$MP_m - MP_c = t_m \tag{3}$$

因此，即使民用部门和军事部门是竞争性地行动，即使没有非金钱因素影响到职业选择，这两个部门的均衡边际产品并不相同，军队的边际产品要高出培训成本的数额。这毕竟不足为奇。军队接收非熟练人员，并以一定成本将他们转化为熟练人员。技能水平决定了民用部门人员的工资，也决定了军队为留住他们的人员所必须支付的费用数量；因此，军方无法从提高生产率的培训中获得收益。

公式（3）有两个重要含义。第一，资源配置效率低下，因为在这个假定的模型中（民用部门的完美配置），资源的有效配置要求在所有环节中每个要素的边际产品相等。第二，军队为技术人员支付的费用超过了它需要支付的费用；其原因稍后就会清楚。现在只需指出，军队为人们提供了"免费"培训，这些人愿意支付一定费用（无论是直接还是间接），因为培训增加了他们的未来收入。因此，军方可以通过收取培训费用来降低成本。

如果军方将部分成本转嫁给受训者，t_m 的值就会减少；如果所有成本都由受训者承担，$t_m=0$，从而 $MP_m = MP_c$。减少 t_m 的方法有以下两种：

第一种方法是延长初始入伍期，并在这些年中支付低于边际产品的工资。举例说明，假定培训期和入伍期为 2 年，$t_m =$ 50 000 美元。设想入伍时间再延长额外 3 年，这 3 年中每年的边际产品为 10 000 美元，而军队在这 3 年中每年只支付 5000 美元。那么，t_m 将从 50 000 美元减少到大约 35 000 美元，大约 15 000 美元的培训成本将被转移到受训者身上。也许可以利用这种方法可以有所作为，但它也有一个重要的局限。培训对象主要是刚刚成为永久劳动力的年轻人。在这个年龄段，他们具有很强的试验性，抱着确定自己的兴趣和能力的希望，尝试一份工作，然后尝试另一份工作。他们不太可能签订非常长期的合同，尽管他们可能会签订 5~6 年的合同，而不是现在的 4 年。

第二种方法是由第一种方法启示的：在给定的入伍期内降低薪酬。然而，如果排除了受训者向军队缴费的可能性，这种方法就有很大的局限性：薪酬只能降到"维持生计"的水平，不能再降。尽管如此，在这方面还是可以有所作为的，而且这也暴露了科迪纳报告中的一个错误或至少是一个疏忽。该报告建议增加薪酬，特别是对更熟练的人员。这里的分析指出，虽然在初始入伍期之后的时期增加薪酬是可取的，但在初始入伍期内减少薪酬可能是可取的。

延长初始入伍期和降低这个时期的薪酬并不意味着与现行做法的彻底决裂，而只是边际的调整。同时，它们的效果可能太弱，无法将负担完全转移给受训者，至少对于那些培训成本高昂的职业，如飞行员来说是这样。这指向了一种方法，可以使军方将全部负担转移到受训者身上；尽管这种方法涉及军事程序更剧烈的改变，但军队并非没有使用过。在这种方法下，接受培训的个人直接支付所有培训成本，因此 t_m 将等于零，MP_m 将等于 MP_c，从而实现了有效的资源配置。

军方可能会继续提供培训，但会收取与培训成本相等的费用，就像他们现在对 PX 中商品的收费一样。如果受训者无法支付这些费用，军队将按市场利率借钱给他。我认为这样做没有任何困难，因此不再讨论。既然不能强迫任何人参加涉及大笔开支的培训，军方就必须重新安排人员招募政策，以获得足够数量的愿意支付培训费用的人员。这是个优点而不是缺点，因为它保证了军方培训那些想要（从他们愿意为培训付费就可以看出）接受培训以便日后使用的人。这一招募的困难在于，它使军队继续从事教育或培训行业，以及为军事目的使用技术人员的行业。军队会因为处于不相干的行业"头疼"，国家和军队也无法实现职能专业化所带来的经济性。这种"头痛"和经济性将是巨大的，这可以从民用部门发展起来的各种各样的专业学校中看出：这些学校从大学和技校到超市"收银员"和调酒师学校，不一而足。

这表明，军队可将各种培训活动外包给民用经济。如果受训者自己支付所有培训费用，外包就相当于购买培训过程的最终产品。因此，空军在招聘人员驾驶军用飞机时，除了常规要求外，可能还要求有 200 小时的飞行时间——这与当今商业航空公司的要求并无二致。当然，这种要求在军队中并不少见：他们经常要求具备大学或高中教育，他们在不培训自己的医生的情况下就能获得医生等。我只是建议将这种技巧，即购买受过培训的人员而不是去培训人员，系统地推广到更广泛的活动中去。

如果军方真的大规模采用这一项目，那么就会有更多的人必须在民用部门接受培训。我们没有理由预期那些使用技术人才的民用企业在军队离开后接手，因为他们会遇到军队所面临的同样问题。专门从事各种职业培训的公司或"学校"将会发展壮大。这些学校将类似于已经在民用领域大规模发展的学校。民用部门对飞行员等群体的培训只发展了很小的规模，因为这类学校会被受补贴的军事学校"竞争出局"。

细读《美国空军培训简介》(*USAF Training Prospectus*)，我们会更加怀疑，培训费用可能是军队预算中的一个重要项目。这是一本长达 150 页的手册，列出了仅由空军开设的课程。其中包括平版印刷机操作课程、镜片打磨和抛光课程、高级商业会计课程、计算机器操作课程、焊接设备操作和维护课程、机器和工作台课程、现代气象技术课程、教学课程、摄影指导课程、运输技术课程以及数百个其他科目。所有这些课程和许多其他课程所培训的技能都是民用学校已经教过的，因此空军可以很容易地聘用到训练有素的人员。或者举一个不同的、非常有争议的例子，所有三个军种都有自己的"学院"：陆军有西点军校（West Point），海军有安纳波利斯（Annapolis），现在空军也有空军学院（Academy）。在所有这些机构中，都提供了大量非军事培训，包括人文、自然科学、工程和社会科学领域。但这种培训不应该由军队来提供；相反，军队应该聘用受过高等教育的人（比如拥有大学学位，或接受过两年大学教育），然后让他们接受一年或更长时间的军事战略、后勤和其他纯军事科目的培训。这样一来，军队就可以退出大学"产业"，进入专门从事军事教育的研究生"产业"。很明显，通过购买民用部门的学校的最终产品，军队消除了数量 t_m，从而消除了 MP_m 和 MP_c 之间的差异，因为现在军事部门和民用部门都只购买学校的"毕业生"。因此，这里提出的改变带来了资源的有效配置；这可能是整个经济的巨大节省。然而，军队不仅关注任何建议对经济成本的影响，还关注对自身成本的影响。幸运的是，事实证明，军方购买训练有素的人员（而不是培训他们）永远不会亏本，即使军方能像民用部门企业一样高效地运营这些学校，节省的数量也是相当可观的。所考虑的职业的人员供应越缺乏弹性，民用部门对该职业人员的需求越有弹性，以及在民用部门就业的该职业人员的比例越大，节省的数量就越多。特别是，如果供给完全没有弹性，或者如果民用需求完全有弹性，那么军队节省的数量就正好等于其培训成本。另外，如果民用需求完全没有弹性，或者军队聘用了该职业的所有人员，那么军队就没有任何节省。这些结果只有通过一些数学计算才能严谨地展示出来，但不难直观理解。将成本从军队转移到该职业的成员身上，降低了军队的净成本，减少了这些成员的净收入，增加了聘用他们的民用部门企业的净成本。因此，供应量对他们"工资"的反应越小，民用部门需求对他们"工资"的反应越大，可供军队以较低的军事"工资"使用的人员数量就越多；相对于军队而言，民用部门越重要，在任何给定的民用部门需求弹性下，民用部门需求的绝对减少量就越大。

这种分析指的是能同时提高受训者在民用部门和军事岗位上的生产率的培训。其他类型的培训，如操作喷气式战斗机的培训，尽管会显著影响到他的军事生产率，可能只会轻微地影响到他的民用部门生产率。对于这种培训，军队还是受训者直接支付培训费用并无区别——除了私立学校可能更有效率——因为如果军队支付培训费用，均衡的军事部门薪酬将等于民用部门薪酬；如果受训者支付培训费用，均衡的军事部门薪酬将等于民用部门薪酬加上培训费用。"在职培训"指的是在工作中由于获得经验而带来的相对缓慢的技能增加。如果这种培训是可转移的，那么任何时期的均衡工资率都将等于边际产品减去培训成本，因此，"可转移的"在职培训成本应由受训者支付，就像其他任何可转移的培训的成本一样。如果培训不可转移，均衡工资率将仅等于边际产品，因此，不可转移的在职培训成本应由聘用者支付，就像其他任何不可转移的培训的成本一样。

已经表明，如果军队转而采取购买训练有素的人员而不是自己培训人员的政策，那么经济的资源配置将会更有效率，军队的成本也会降低，可能是大幅降低。在经验上估计这些节省数量之前，最好指出这些政策变化的一些其他含义。

（1）军队是一个独特的组织，因为在许多职位中，较高的职位几乎都由组织内工作晋升的人担任。因此，一个中士最初从列兵做起，或一个上校从少尉做起的可能性几乎是百分之百。诚然，在运行效率最高的组织中，会有大量的内部晋升，原因是在一个不确定的世界中，潜在受聘者的能力并不能立即知晓，只有在工作一段时间后才能确定。尽管如此，在军队中内部晋升看起来比这种必要性更为重要，当然也比一般企业更为重要。这里提出的改变的一个优点是，它迫使军队聘用在士兵和军官中排名处于中等水平的人员。例如，不可能聘用一名熟练的雷达修理工为列兵；他很可能必须被聘用为中士。不可能聘用一名熟练的飞行员为少尉，就像今天不可能聘用一名熟练的医生为少尉一样；他通常会成为上尉或少校。这种大规模的发展将使军队的招聘政策更接近于高效企业的做法。

（2）科迪纳报告和恩托文对军队中的低再入伍率表示了担忧，正确地指出目前的人员政策是对军事资源的极大浪费。读者在现阶段不需要任何详细的论证就会相信，造成这种情况的主要原因是军队承担了培训成本，无法从那些未能重新入伍的人身上获得任何收益。因此，聘用训练有素人员的政策将消除这一成本。当然，由于人们更倾向于人员的连续性，低再入伍率仍会给军队带来成本，但这时的成本将大大低于目前的成本。

（3）鉴于军队提供的培训具有（相对而言）免费的本质，而且由于存在征兵制度，许多年轻人在接受军队培训（如飞行员培训）时，并没有认真打算以后在军事部门或在民用部门运用这些培训。支付与相似的民用部门职业相比具有竞争力的薪酬（如科迪纳报告中提出的建议），并不能阻止这些年轻人辞职，因为他们辞职并不是为了从事类似的民用部门工作，而是为了从事完全不同的民用部门工作。但是，如果强迫他们支付培训费用，他们只有在认真打算日后利用这些培训时才会这样做。因此，这种政策变化将消除造成技术熟练的军队人员流失的一个根源。当然，这种流失的主要根源是军人薪酬低；科迪纳报告的最大优点在于它意识到了这一点，并提出了正确的解决办法，即提高技术熟练的军队人员的薪酬。

（4）这一变化也使征兵有了适当的视角。征召一个人入伍，对他进行昂贵的培训，然后允许他离开去从事民用部门工作，这样做毫无意义。如果军队想通过征兵来获得熟练人员，那么征召熟练人员就更有意义；对医生、牙医和牧师都是这样做的。没有理由说这种做法不能被扩展到更广泛的技能领域（如果需要的话）。这样的人员很可能在征兵期满后不再入伍，但正如前文所指出的那样，这种流失的代价要比如今征兵人员流失的代价小得多。

第八章
关于时间分配的进一步思考

2014 年 2 月

　　我很高兴《经济学期刊》的编辑们决定将我关于时间分配的文章收录到庆祝 125 周年的纪念刊。《经济学期刊》历史悠久、声誉卓著，这让我倍感荣幸。

　　我最初曾向一家美国著名期刊提交过一篇关于时间分配的论文。他们愿意发表这篇论文，但前提是我要大幅度缩减篇幅。我认为这样做会大大削弱论文的论点，因此我决定向《经济学期刊》提交一个稍作修改的版本。编辑们欣然接受，并给了我各种有用的意见。

　　与我当时发表的其他一些研究不同，大多数经济学家相当快速地接受了《时间分配理论》中的分析。一些经济学家发展了各种应用、扩展和修改，但同时保留了时间预算与商品预算互动的框架。在此，我简要介绍我文章中的基本框架，并从许多有趣应用中列举几个。

　　时间的某些特性使其相当特殊，而且很可能是所有资源中最基本的资源。时间如流水，从不停留，时间无法储存供将来使用。这意味着个人会随着时间的流逝而衰老，尽管他们可以通过药物和个人行为来延缓衰老过程。

时间是一种基本资源，因为人类的每项活动都离不开时间。这意味着，在所有这些不同类型的活动中，时间的有效使用是决定个人福祉的一个基本因素。

即使在同一个社会中，个人在时间使用效率上也大不相同。有的人"浪费"了大量时间，有的人在时间使用上杂乱无章，而有的人则效率非常高，一项活动天衣无缝地衔接到另一项活动。我在文章中提出了两个主要概念，以帮助分析时间分配的效率。一个是"全收入"（full income）的概念，它不仅包括薪水和其他收入在不同商品和服务上的支出，它将"完全"或潜在收入定义为可赚取的最大收入，并说明了该收入如何不仅"花"在商品和服务上，还"花"在消费活动上，消费活动需要放弃赚取更多收入的机会。

全收入将每个非工作的小时的价值按照工资率估值，与每个工作小时的价值相同。对不工作的人来说，它评估每小时的价值时，按照的是家庭生产中时间边际效用的货币价值。当个人在家庭生产中的时间边际价值超过其在劳动力市场中的价值时，他们就会离开劳动力市场。即使全年每周工作 40 小时的人，每周仍有 128 小时用于家庭生产。除去整整 70 小时的睡眠和基本个人护理时间，仍有 58 小时用于生产不同的用品。即使是全职工作者，由于用于家庭生产的时间也远超过用于工作的时间，这就意味着，对于典型的成年人来说，用于家庭生产的时间价值远远大于商品价值。

正如工作时间的生产率因人而异一样，花在不同家庭活动（如父母对子女人力资本的投资）上的时间的生产率也不尽相同。为了建立家庭生产率模型，我假定每个家庭都有一组不同"用品"的生产函数。这些用品是效用的决定因素。用品是由商品和时间这两种主要投入以及家庭技术的其他方面生产出来的。在生产用品的过程中，相对于商品的数量，所使用的时间的数量取决于家庭成员的工资率以及生产中时间与商品之间的替代性。

《时间分配理论》给出了用品和全收入方法在研究时间使用上的若干应用。随后，其他研究表明，时间分配对于理解许多其他类型的行为也非常重要。我将讨论这些应用中较为重要的 3 个应用。

时间分配一文中的分析是静态的，并没有考虑家庭如何在生命周期中分配时间和商品。收入可以储蓄，因此任何一年的商品消费并不一定等于当年的货币收入。由于时间不能储存或储蓄，任何一年的时间使用量必须等于 8760 小时。尽管时间无法储蓄，但可用于非工作活动的时间数量显然会受到工作周数和小时数选择的影响。此外，储蓄商品的能力意味着，任何一年中，相对于商品的数量，非工作时间的数量并不是严格地由工作时间和货币收入水平决定，还取决于该年的储蓄量。

这些考虑反过来又有助于解释生命周期中的消费和储蓄。一个人从劳动力市场中退休后，消费似乎会急剧下降。对这种下降的一种解释是，个人在年轻时缺乏足够的前瞻性，未能充分地储蓄从而为老年提高足够的消费。另一种基于时间和商品分析的解释是，退休人员消费较少的商品，是因为他们在生产所消费的用品时，用更多的可用时间替代了较少的商品。马克·阿吉亚尔（Mark Aguiar）和埃里克·赫斯特（Erik Hurst）研究了这两种关于退休后消费下降的相互竞争的解释，他们的研究表明，时间替代商品的假说能更好地解释退休后商品消费的下降，以及退休后商品消费类型的模式。

生命价值统计文献（the statistical value of life literature）研究了个人愿意为其不同年龄段存活概率的变化支付多少费用。这种支付意愿是由死亡概率下降带来的期望效用增长决定的。生命价值的早期理论将这种支付意愿与货币收入和未来消费联系起来。然而，这种方法过于狭隘，因为它没有考虑到在工作场所以外生产不同家庭用品所花费的时间对效用的重要贡献。对于许多不工作，大部分效用来自时间使用而不是商品消费的老年人来说，这一点尤为重要。

这意味着，生命统计价值（statistical value of life）的适当概念不是货币收入，而是全收入。例如，全收入可以解释为什么那些因为照顾孩子而没有加入劳动力队伍的已婚女性，即使她们的收入潜力很低，也常常表现得时间很宝贵。因此，她们可能对自己的生命有很高的统计价值。

自从我发表关于时间分配的文章以来，关于个人如何在许多可能的时间使用类别中分配时间的数据变得更加全面。自 2003 年以来，每年发布的美国时间使用调查报告相当详细地显示了个人如何将时间分配给各种活动，如照顾孩子、准备餐点、社交等。我们可以利用这些数据来确定有小孩的家庭与有成年子女的家庭之间、男性与女性之间、在职者与退休者之间的时间分配有何不同，还可以进行许多其他方面的比较。也许有一天，时间预算账户将与国民收入账户并列，展示时间和商品的收入水平以及家庭和企业如何使用这些收入。

时间预算账户提供了其他有价值的信息，包括父母花在子女身上的时间的信息。父母花在孩子身上的一些时间有助于孩子学习知识、技能和培养价值观。尤其是受过教育的母亲，往往会花大量时间在年幼的子女身上。这是父母教育过的孩子即使在能力相当的情况下也比其他孩子有明显优势的重要原因。

第九章
市场和非市场人力资本的保险

初稿，1980 年 11 月

首先考虑一个效用函数，它只取决于购买的单一（综合）商品：

$$U = U(x), U' > 0, U'' < 0, \text{和 } p_x = 1 \tag{1}$$

如果世界有 a 和 b 两种状态，其中 a 是涉及某种收入损失的风险状态，则不同状态下禀赋收入的期望效用为：

$$V = p_a U_a(x_a^0) + p_b U_b(x_b^0), p_a + p_b = 1 \tag{2}$$

其中，p_a 和 p_b 是每种状态的概率。

假定状态 b 中的消费能以 $1/f$ 的价格交换状态 a 中的消费：

$$\frac{\mathrm{d}x_a}{\mathrm{d}x_b} = -\frac{-1}{f} \tag{3}$$

如果许多同质的人有独立的风险，如果有一个经营成本忽略不计的竞争性保险业，并且保险人只关注所有这些同质的人的平均经历（而不是个人经历），那么不同状态之间的交换条件将是一个等于（平均）概率的常数：

$$f = \frac{\overline{p}_a}{\overline{p}_b} = \frac{p_a}{p_b} \tag{4}$$

每个人购买的最优保险（s）取决于最大化：

$$V = p_a U_a(x_a^0 + s) + p_b U_b(x_b^0 - fs) \tag{5}$$

第三部分
家庭生产和人力资本

受约束于公式（4）。均衡条件为：

$$p_a U'_a = p_b U'_b f \qquad (6)$$

或：

$$U'_a = U'_b \qquad (7)$$

如果两种状态下的效用函数相同，公式（7）意味着：

$$x_a^0 + s = x_a = x_a^0 - fs = x_b, \text{或} s = (1 - p_a)(x_b^0 - x_a^0) \qquad (8)$$

每个人为自己的损失进行了全额保险。由于保险价格对每个人来说是一个不取决于他的行为的常数，而且他为自己的损失进行了全额保险，因此他不会花费任何资源来降低风险状态的概率。

这种分析可能在几方面受到批评。保险公司可以部分根据每个人的经历进行定价，这样，如果他单独采取措施降低其风险的概率，就可以获得更便宜的保险。个人经历定价减少了自我保护的"外部经济"，这是在只有平均经历决定每个人的成本时产生的，它鼓励更有效的自我保护水平。

在本文中，我将集中讨论效用函数在所有状态下都相同的假定：这是从公式（7）到公式（8）所需的假定。如果一个人因意外事故而残疾，也许只能坐在轮椅上，不同状态下的边际效用相等［见公式（7）］就意味着残疾时的消费较少，而不是两种状态下的消费相等［见公式（8）］，因为残疾时商品提供的效用较少。

然而，我认为基本的困难不在于假定不同状态下的效用函数相同，而在于假定效用函数只取决于所购买的商品。家庭生产的方法意味着效用函数取决于购买的商品、自己的时间、教育水平、能力、健康以及其他"环境"变量所生产的用品。一位残疾人的效用函数取决于他的用品，就像一个健康人的效用函数取决于他的用品一样，但残疾人生产用品的效率可能更低。我将尝试表明，对用品生产的强调为不同风险的可保性提供了深刻见解，尤其是意味着必须区分人力资本和非人力资本：致人残疾的事故与盗窃或火灾的后果截然不同。

为了展开分析，将效用函数写成：

$$U = U(Z) = U(wt + v / \pi) \qquad （9）$$

其中，Z 是每个家庭生产的单一（综合）用品，w 是其工资率，t 是其总时间，v 是其非工资收入，π 是 Z 的平均影子价格或成本。这个价格可以写成：

$$\pi = a + cw \qquad （10）$$

其中，a 是市场商品（$px=1$），c 是每单位 Z 所使用的时间。这些系数衡量家庭生产的效率，并取决于家庭环境，包括时间相对于商品的价格。

如果某种风险（可能是一场火灾或盗窃）降低了非人力资产的价值，有保险的期望效用等于：

$$V = p_a U_a \left(\frac{wt + v_a + s}{\pi_a} \right) + p_b U_b \left(\frac{wt + v_b - fs}{\pi_b} \right) \qquad （11）$$

如果在公式（4）的约束下使 V 最大化，则均衡条件为：

$$\frac{U'_a}{\pi_a} = \frac{U'_b}{\pi_b} \qquad （12）$$

如果工作时间为正且 w 是常数，则两种状态下生产 Z 的成本相同。则 $\pi_a = \pi_b = \pi$，公式（12）变为：

$$U'_a = U'_b \qquad (13)$$

与公式（7）相同。由于假定用品的效用函数与状态无关，那么：

$$U'_a = U'_b \geqslant Z_a = Z_b \qquad (14)$$

或：

$$\frac{wt + v_a + s}{\pi} = \frac{wt + v_b - fs}{\pi}$$

因此：

$$s = (1 - p_a)(v_b - v_a) \qquad (15)$$

与公式（8）相同。这一分析意味着，一个在职人员在面对公平保险时，会全额投保其所有的非人力资本的损失。

当人力资本的价值受到一种风险的影响，而这些损失由非人力资产来补偿时，分析开始有了新的含义。首先考虑没有明显影响到用品生产效率的收入能力（w）的损失。一个例子是需求的变化降低了某一特定市场技能的价值；另一个例子是伤害降低了市场生产率，但对家庭生产率没有太大影响（如足球运动员膝盖受伤）。均衡条件公式（12）仍然适用，但现在 $\pi_a < \pi_b$，因为 $w_a < w_b$。因此

$$U'_a < U'_b, \; 或 \; Z_a > Z_b \qquad (16)$$

就非人力资产而言，在不同状态之间交换的精算公平的保险会诱使规避风险者增加他们在风险状态下的消费，直到他们会因为风险而变得更好。对这一明显悖论的解释是，就非人力资产而

言的精算公平保险是就用品而言的有偏差的保险，因为在时间成本更低的风险状态下，用品的生产成本更低。这就解释了为什么市场上的"残疾人"会比健康人有更好的境况。

既然每个人都因风险而变得境况更好，他就有激励提高风险发生的概率。也就是说，如果

$$p_a = p_a(h), p'_a > 0 \tag{17}$$

其中 h 为自我保护的支出，那么他将在公式（4）的约束下选择使期望效用最大化的 h 水平。均衡条件为

$$p'_a(U_a - U_b) = \frac{U'_b}{\pi_b} \tag{18}$$

用于"消极的"自我保护的支出是社会最优的，因为每个人都会因风险而变得更好。然而，公式（18）所决定的支出额在社会上是过高的，因为每个人在提高自己的风险概率时会给其他人带来成本，因为面向他们的市场保险的成本提高了。

如果致人残疾的事故使工资率和家庭生产率的减少程度相同，从而使生产用品的成本保持不变，那么 $\pi_a = \pi_b$，公式（12）意味着 $U'_a = U'_b$ 和 $Z_a = Z_b$。因此，对家庭生产率产生这种"中性"影响的致人残疾事故，会导致保险到达某一水平，从而将残疾人的效用和用品消费提高到健康人的水平。

他们的保险并不只是替代损失的实际收入，而是替代损失的潜在收入：

$$s = (1 - p_a)(\Delta w)t > (1 - p_a)(\Delta w)t_w \tag{19}$$

其中，t 为可用的总时间，t_w 为工作小时数。一种常见的论点是

第三部分
家庭生产和人力资本

即使有公平的市场保险，成为残疾人也会降低效用，这种说法是错误的，因为它没有考虑到成为残疾人对家庭时间成本的影响，也没有认识到最优的保险水平超过了放弃的货币收入。

在市场保险精算公平的情况下，只有在由于事故带来的家庭效率降低程度超过了时间成本，从而用品生产成本提高的情况下，致人残疾事故才会使一个人的境况变得更糟。公式（12）意味着：

$$Z_a < Z_b \text{ 如果 } \pi_a > \pi_b \text{ 且 } f = \frac{P_a}{P_b} \qquad (20)$$

这是因为，就非人力资产而言的精算公平的保险，会对就用品而言的风险状态有偏差。因此，所选择的保险金额将小于使两种状态下的消费相等的金额，而遭遇事故的人境况将变得更糟。于是，人们就会花费资源来降低让人们境况变糟的事故的概率。在公式（18）中，$p' < 0$，$U_a < U_b$。

注意，当有人死亡时，说 $\pi_a = \infty > \pi_b$ 是合理的，从而垂死的人消费将会为零，境况将会变得更糟。如果 $U(0)=0$，那么死亡概率的微小变化所带来的价值将是：

$$\frac{\mathrm{d}v}{\mathrm{d}p_b} = \frac{-U_b \pi_b}{U'_b p_b} \qquad (21)$$

公式（21）重现了这样一个结果，即较富裕的人和更有可能死亡的人会为生存概率的微小增加支付更多。公式（21）也有新的一个结果，即对于用品的生产成本较高的人来说，"生命价值"更大。特别是，（家庭）残疾人对生命价值的评价要高于死亡概率

101

和富裕程度相同的人。

　　劳动的传统性别分工意味着已婚女性专门化于提高家庭生产率的人力资本，而已婚男子专门化于提高市场生产率的人力资本。因此，破坏大量人力资本的致人残疾事故主要倾向于降低已婚男性的市场生产率和已婚女性的家庭生产率。本文的分析区分了对市场生产率和家庭生产率的影响，这意味着，比起已婚女性，已婚男性购买更多精算公平的市场保险来防范个人风险，这得到了证据的有力支持。比起已婚男性，已婚女性花更多的钱来降低个人风险的概率，因为市场保险对女性在这些风险上的保护较少。这可以解释为什么女性比男性的事故更少、更健康、更长寿。同样的分析意味着，单身男性比单身女性投保更多，遭遇的事故更多，健康状况更差，而且或许比起已婚男性来说也是如此，因为已婚家庭的生产率主要由妻子的生产率决定。随着市场和家庭生产率之间劳动性别分工的重要性不断降低，保险、事故和健康方面的性别差异应该会变小。

　　男女之间的这些差异源于分析的一般含义，即非市场风险比市场风险更不"可保险"，即使是在就非人力资产而言可以获得精算公平的市场保险的情况下。进一步的应用是，如果"痛苦和折磨"意味着非市场生产率的某种程度的降低，那么即使有公平的保险，"痛苦和折磨"的可保性也低于收入。还有一种应用是，宠物将是不容易保险的，而赛马和其他能产生收入的动物将是可保险的。

第三部分
家庭生产和人力资本

有些风险主要减少有效的可用时间；格罗斯曼（Grossman）假定，不佳的健康状况减少了生产用品和效用的可用时间。在职人员可用时间的减少将会通过精算公平保险得到全额保险。也就是说，因为 $\pi_a = \pi_b$ 而有 $U'_a = U'_b$ 和 $Z_a = Z_b$，这意味着：

$$s = (1 - p_a)w(t_b - t_a) \tag{22}$$

其中，$w(t_b - t_a)$ 是由于可用时间 $(t_b - t_a)$ 减少而导致的潜在收入损失。

非劳动力人口不会为可用时间的减少进行完全保险，因为他们生产用品的成本不是恒定的，而是等于：

$$\pi = a + \mu_c \tag{23}$$

其中，μ 是时间的影子价格。由于相对于可用时间而言，当商品量增加时 μ 也会增加，因此，可用时间的减少不会得到完全保险，因为 π 会随着保险数量的增加而增加。这是区分市场效应和非市场效应的另一个原因，它意味着健康状况不佳的退休人员和其他劳动力市场之外的人员——包括那些因健康状况不佳而离开劳动力市场的人员——即使在非人类资产方面有公平的市场保险，也不会得到全额保险。

第十章

关于美国是否代际流动性下降而不平等上升的问题

2012 年 3 月

为了对收入生成过程进行建模，假定每位父母有一个子女，这样就可以研究父母和子女收入之间的关系。进一步假定，像劳动经济学文献那样，收入的对数与受教育年限有关，如下所示：

$$\ln I_p = a + bS_p + e_p \tag{1}$$
$$\ln I_c = a + bS_c + e_c \tag{2}$$

其中，I 是父母或子女的收入，S 是父母和子女的教育，b 是衡量教育的回报率，e 指父母和子女收入的其他决定因素。

我还假定，子女的教育取决于父母的教育，或许通过父母和子女的能力作为中介。我假定这种关系是线性的，如下所示：

$$S_c = c + h(x)S_p + v_c \tag{3}$$

其中，v_c 是子女教育的其他决定因素，h 是从父母到子女的教育"可继承性"程度。公式（3）中不涉及收入，所以我在假定基本完美的资本市场。我将 h 设为变量 x 的函数，而变量 x 可能部分由父母通过对子女的童年投资来控制。教育可继承程度的这种内生性对于理解代际流动程度为何可能会随着时间的推移而下降至关重要。

在美国，自 1980 年以来，教育的回报大幅提高，尤其是大学和大学后教育的回报。我认为这意味着收入生成公式 1 和公式 2 中的系数 b 随着时间的推移而大幅增加。通过将公式（3）代入公式（2）得到，子女收入是父母教育的一个函数，就可以发现 b 的增加对父母与子女收入关系的影响。再将公式（1）所示的父母收入代替父母的教育，我们就得到了父母和子女收入对数之间的关系：

$$\ln I_c = \left[a(1-h) + bc \right] + h\ln I_p + bv_c + e_c - he_p \qquad （4）$$

请注意，公式（4）中决定子女收入的父母收入系数并不取决于 b——教育的回报——而是只直接取决于教育从父母到子女的"可继承性"。与父母收入相关的残差项 $-he_p$，也不取决于 b。因此，虽然普通最小二乘法估计的 h 值向下偏，但偏差并不直接取决于 b。

设想我们用收入对数的方差来衡量收入的不平等。如果收入不平等处于稳定状态，那么收入不平等的均衡程度由一个简单的表达式给出：

$$\text{var}(\ln I) = \frac{b^2 \, \text{var}(v)}{(1-h^2)} + \text{var}(e) \qquad （5）$$

显然，收入不平等确实直接取决于教育的回报。它也与可继承程度（h）呈正相关。

虽然公式（4）表明代际流动程度只取决于教育的"可继承性" h，但该系数并不是外生的。它取决于其他因素，包括子女

105

从父母身上继承的能力和父母对子女的投资。令直接继承系数为 β，投资系数为 ∂b，并假定这些影响是可加的，则父母和子女教育之间的关系可以写成：

$$S_c = c + (\beta + \partial b)S_p + v_c \qquad (6)$$

其中：

$$h = \beta + \partial b \qquad (7)$$

公式（7）意味着，当教育回报较低时，父母对子女的投资很少——例如，当回报为 0 时，投资为 0——而比起教育程度较低的父母，教育程度较高的父母对子女的投资更有成效。那么公式（4）可以写成

$$\ln I_c = \left[a(1-h) + bc \right] + (\beta + \partial b)\ln I_p + bv_c + e_c - he_p \qquad (8)$$

现在，父母收入与子女收入之间的关系确实取决于教育回报，以系数 b 衡量。在其他条件不变的情况下，这些回报的增加（如美国 1980 年后发生的情况）不仅会加剧任一时点的不平等，还会降低代际流动的程度。任一时点的不平等大幅增加，但代际流动性是否也会增加这一点存在争议。

此外，公式（7）意味着教育回报上升对稳态的收入不平等的影响会更大。因为当系数 b 上升时，不仅公式（5）中的不平等会直接上升，而且由于引致的代际继承程度 h 的增加，稳态不平等会上升得更多。我们可以通过公式（5）对 b 的全微分看到这一点：

$$\frac{d\left[\operatorname{var}(\ln I)\right]}{db} = \frac{2b\operatorname{var}(v)}{(1-h^2)} + b^2\operatorname{var}(v)(1-h^2)^{-2}(2h)\frac{dh}{db}, \text{此时} \frac{dh}{db} = \partial \qquad (9)$$

家庭生产和人力资本

当可继承性程度更高时，以及当教育回报的增加刺激父母对子女的投资有更大的增加（用 ∂ 衡量）时，教育回报的增加对收入不平等的总影响更大。

例如，公式（6）意味着精英学校现在比过去更有可能充满着认知能力和非认知能力很强的学生，而且现在的家长和孩子都有可能进入同一水准的学校。更一般地，随着时间的推移，家庭按教育程度和其他特征划分的分层趋于扩大。

到目前为止，我们已经考虑了教育回报上升对稳态时的收入不平等的启发，以及对稳态时的收入代际流动程度的影响。在向新的稳态过渡期间，这一分析对教育回报增加的影响也有一些有趣的含义。现在让我们区分一下 b_p 和 b_c，即父母和子女两代人的教育回报。那么公式（1）和公式（2）变为

$$\ln I_p = a + b_p S_p + e_p \qquad (1')$$

$$\ln I_c = a + b_c S_c + e_c \qquad (2')$$

如果公式（3）保持不变，我们仍然可以推导出父母和子女收入的关系，但现在我们必须分别使用父母和子女的教育回报。通过将教育关系代入收入方程，我们得到：

$$\ln I_c = \left[a\left(1 - h\frac{b_c}{b_p}\right) + b_c c \right] + \frac{b_c}{b_p} h \ln I_p + b_c v_c + e_c - \frac{b_c}{b_p} h e_p \qquad (4')$$

如果子女一代的教育回报高于父母一代，如美国 1980 年后的情况，公式（4'）显示，在这一过渡时期，代际流动程度将下降，即使父母不会由于子女教育的回报更高而调整对子女的投

资。过渡期间代际流动性下降的幅度取决于子女一代的教育回报比父母一代高多少。

代际流动性和代际内不平等的联系

一个重要的问题是，任一时点上的不平等，或一生中的不平等，与代际间的不平等（以代际流动的程度来衡量）之间有什么联系？我们已经给出的分析表明，出于两个基本原因，这些不同类型的不平等往往是正相关的。公式（5）表明，跨代不平等程度越高，或代际流动性越高（以更大的 h 值为衡量标准），则一代人内部的稳态不平等程度越高，两者之间存在因果关系。其解释在于，当高收入父母的子女往往拥有相对较高的收入，而低收入父母的子女往往拥有相对较低的收入时，一代人内的不平等会随着时间的推移而扩大。

还有一种更微妙的关系，涉及代内不平等与跨代不平等之间的选择。我们已经表明，如果以 h 来衡量的从父母到子女的教育可继承程度不变，那么教育回报的增加不会影响收入的代际流动程度。然而，我们也已经表明，如果教育程度较高的父母对子女的投资更为有效，那么当以 b 衡量的教育回报较高时，他们就会受到激励对子女的人力资本进行更多投资。

教育程度较高的父母可能会投入更多商品和时间，或者他们的投资可能有更高的生产率。公式（6）试图以简单的方式同时

第三部分
家庭生产和人力资本

捕捉这两个特征，通过引入一个经由父母教育影响子女教育的项和一个取决于教育回报 b 的与教育互补的项。因此，在公式（7）中，教育的可继承程度 h 正向地取决于教育回报。这样，代际内不平等的一个重要组成部分，即人力资本投资的回报，影响到代际间的不平等程度。

这种关系在很大程度上取决于教育程度较高的父母是否能更有效地投资于子女的人力资本。大量研究表明，父母的教育程度是决定子女不同成长阶段人力资本投资的重要决定因素。这影响到父母与子女之间的教育和收入的代际关系程度，这不足为奇。更令人惊讶的是，它还会影响一代人之内的不平等程度。

这一分析可以帮助我们理解，为什么在 1980 年后教育回报和女性教育程度提高之后，美国的代际流动程度可能已经下降，而代际内的不平等程度显然提高。这也有助于解释为什么像斯堪的纳维亚国家这样代内不平等程度低的国家，也有着高度的代际流动性。

还要考虑到过去 30 年中女性高等教育的快速增长。现在女性更可能接受大学教育，与几十年前相比，受过大学教育的女性现在更有可能结婚，而且她们更倾向于嫁给受过大学教育的男性。家庭在教育程度上的更大的分层影响了对子女的投资。推测来看，受过大学教育的家庭现在是更有效的投资者，因为父母双方往往都受过大学教育。在我们的等式中，教育分层程度的增加会提高公式（6）中的生产系数 ∂，该式是从父母的教育产生子女的教育。而 ∂ 的提高会增加 h 和代际流动程度。

第十一章
父母和子女之间教育关系的推导与不平等

2012 年 4 月

假定子女人力资本的生产函数取决于花在子女人力资本形成上的金额 y 和父母的人力资本 H_p。如果 y 和 H_p 相互影响，并且该函数在 y 上是二次方形式，那么我们可以将 H_c 的生产函数写成：

$$H_c = g + ky + eyH_p + \mathrm{d}H_p - my^2 + v_c \qquad (1)$$

其中，v 是人力资本生产中的随机成分。我们假定 v 只有在父母对子女投资 y 之后才会显现，而且父母是风险中性的。如果 m 为正数，则对子女的投资回报递减。稍后，我们在家庭生产中引入 H_p^2。

关心独生子女收入的父母选择 y 的最优水平。设想父母最大化他们的效用：

$$U_p = u(C_p) + aV_c\,E(w_c) \qquad (2)$$

其中，C 是父母的消费，a 是父母的利他主义，$E(w_c)$ 是子女的期望收入，即 v_c 显现之前的收入。如果 y 的衡量单位与 C 相同，则父母的预算约束为：

$$C_p + y = W_p \qquad (3)$$

收入生成函数简单地表示为：

家庭生产和人力资本

$$w = rH \qquad (4)$$

其中 r 是每单位 H 的收入。

最优的 y，即 y^*，将取决于公式（2）的最大化，受约束于公式（3）中的预算约束、公式（1）中的期望生产函数和公式（4）中的收入生成方程。一阶条件可以表示为：

$$u'(w_p - y^*) = arV'E(w_c)f_y(y^*, H_p) \qquad (5)$$

其中 y^* 指 y 的最优值。将公式（1）代入该式并利用公式（4）得到：

$$u'(rH_p - y^*) = aV' \left[r(g + ky^* + ey^*H_p + dH_p - my^{*2}) \right] r(k + eH_p - 2my^*) \qquad (6)$$

我们对 y^* 进行一阶近似，其形式为：

$$y^* = n + \beta H_p \qquad (7)$$

通过对公式（6）进行关于 y 和 H_p 的全微分并在 y^* 处求值，即可得 β：

$$\beta = \frac{dy}{dH_p} = \frac{(-ru'' + aV're) + \left[aV''r^2(k + eH_p - 2my^*)(ey^* + d) \right]}{D[>0]} \qquad (8)$$

第一个括号内的项 >0，是 H_p 上升的替代效应。第二个括号内的项 <0，是收入效应。因此，β 可能大于或小于零，这取决于是替代效应还是收入效应占主导地位。

将公式（7）代入公式（1）的生产函数，我们得到：

$$H_c = K + hH_p + jH_p^2 + v_c \qquad (9)$$

其中 $j = e\beta - m\beta^2$，$h = en + d + k\beta - 2nm\beta$，和 $K = g + kn - mn^2$。

这个方程是关于 H_p 的二次方程。为了简化最初的讨论，我们假定 $\beta = 0$，因为 H_p 越大，收入效应和替代效应越能相互抵消。然后，父母和子女的人力资本之间存在随机线性关系：

$$H_c = K (= g + kn - mn^2) + h (= en + d) H_p + v_c \qquad (10)$$

由于 $w = rH$，在公式（10）中用 w_c 代替 H_c，用 w_p 代替 H_p，可以得到：

$$w_c = rK + hw_p + rv_c \qquad (11)$$

这是一个随机线性代际流动方程，将父母和子女的收入联系起来。在这种情况下，以 h 衡量的期望流动程度完全取决于家庭生产函数中的交互参数和另一个参数，以及对子女的最优投资，即 n。

系数 h 并不直接取决于由 r 表示的人力资本回报，尽管截距和随机项都直接取决于 r。en 项可能通过对 n 的影响而取决于 r，但存在 r 对 n 的相互抵消的收入和替代效应。与文献中的一些说法不同（见 Council Report，2012），给定父母与子女教育之间的传导系数，人力资本回报的增加不会影响收入的代际流动性。

该分析还对代内的不平等有启发。如果 sig_v 表示 v 的方差，那么稳态的收入不平等为：

$$\text{sig}_w = \frac{r^2 \text{sig}_v}{1 - h^2} \qquad (12)$$

显然，收入的稳态不平等取决于生产函数误差项中的不平等。它还正向地取决于单位人力资本的价值（r），因为 r 放大了 v 的变化对 H_c 的影响。稳态收入不平等还正向地取决于家庭各代人收

第三部分
家庭生产和人力资本

入的持久性程度（h）。持久性越强，一代人的不平等就越直接地传递给下一代，连同由 v 的方差创造的不平等。

公式（12）给出了代内不平等与代际流动程度（用 $1-h$ 衡量）之间的有趣关系。给定人力资本回报（r）和家庭生产随机系数的方差，代际流动性越大，代内均衡时的不平等程度就越小。另一方面，人力资本回报越高，从而收入越不平等，并不会直接影响代际流动的程度，因为 h 不会直接受到 r 变化的影响。可以肯定的是，h 可能会通过 r 对 n 和 y^* 的影响而间接地受到 r 的影响，但即使是这种影响的符号也是模糊不清的。

代际流动程度对收入不平等的重要性使我们增加了一个理由，来更好地理解不同代际的家庭间流动程度的决定因素。毫不奇怪，h 取决于父母人力资本对子女人力资本的直接影响（用 d 表示），以及父母人力资本对在子女身上的投资的生产率的影响，用交互项 e 表示。它也取决于对子女的最优投资，以 n 衡量。

如果我们允许公式（7）中的 $\beta \neq 0$，这些对代际流动性的影响依然存在，但人力资本和收入代际流动性的其他决定因素变得相关。当 $\beta \neq 0$ 时，收入的代际传递方程变为：

$$w_c = rK + hw_p + jw_p^2/r + rv_c \qquad (13)$$

其中：

$$j = e\beta - m\beta^2, \ h = en + d + k\beta - 2nm\beta, \ \text{且} \ K = g + kn - mn^2$$

父母与子女的收入关系不再是线性关系，而是二次关系。二次项系数 j 取决于 β、家庭生产函数中 H_p 和 y 之间的交互作用

（ e ）以及对子女人力资本投资的回报递减程度（ m ）。如果 $\beta < 0$ ，即父母人力资本的增加会降低他们对子女的投资，同样，二次项 $j < 0$ ，则 w_p 和 w_c 之间将呈现凹关系。另外，如果 β 为正但不算太大——也就是，如果 $\beta < e/m$ ——则 w_c 和 w_p 之间呈现凸关系。如果 β 足够大，这些收入之间又会呈现凹关系，因为由 m 决定的对子女投资的回报递减，会产生凹关系。

人力资本投资的完美资本市场

上述分析假定，父母自筹资金对子女进行人力资本投资。这对许多家庭来说是真实的，但在富裕国家，资本限制是否是人力资本投资的重要制约因素，还存在着相当大的争议。因此，在本节中，我们走向另一个极端，假定人力资本投资的资本市场是完美的，即所有家庭中这些投资的均衡边际回报等于其他资本的既定回报：

$$rf_y^i = R_y^{*i} = R_k \qquad (14)$$

对于所有 i 都成立，其中 R_k 是其他资本的回报， R_y^{*i} 是第 i 个家庭在 y 上的均衡边际回报。

公式（14）大大简化了父母与子女人力资本之间关系的推导。我们仍然假定公式（1）中的人力资本生产函数为二次形式。那么公式（14）就变成：

$$r(k + eH_p - 2my^*) = R_k \qquad (15)$$

或

$$y^* = (k/2m - R_k/2rm) + (e/2m)H_p = n^* + \beta^* H_p \qquad (16)$$

其中 $\beta^* > 0$，参数必须同样使 $n^* > 0$。

公式（16）给出了 y^* 和 H_p 之间的精确线性关系。将该式代入生产函数中的 y，我们可以推出 H_c 和 H_p 之间的二次关系：

$$H_c = K^* + h^* H_p + j^* H_p^2 + v_c \qquad (17)$$

其中：

$$h^* = d + ke/2m, \quad j^* = e^2/4m > 0$$

公式（17）表明，在一个完美的资本市场中，H_c 和 H_p 之间的关系必然是凸的，凸度随 y 与 H_p 在生产中的交互作用程度（e）而增加，随 y 的回报递减程度（m）而下降。线性项（h^*）也正向地取决于 e，负向地取决于 m，但是此外，h^* 还同时正向地取决于 y 对 H_c 的直接影响（k）和 H_p 对 H_c 的直接影响（d）。

人力资本的不完美和完美资本市场的结合

数据表明，资产遗赠往往集中在中高收入家庭。利他父母的人力资本投资理论表明，按照公式（14）的定义，留下遗产的家庭行动时就好像人力资本的资本市场是完美的一样。当遗产实际上为零时，如低收入家庭，他们行动时就好像处于人力资本的不完美资本市场中一样。他们的行为由公式（5）和公式（6）中的一阶条件们决定，以及公式（7）中 y 与 H_p 关系的一阶近似决定。

　　然后两个部分的合并将决定父母与子女人力资本之间的总体关系。上边的部分——父母人力资本较高且遗产大于 0——由公式（17）给出，下边的部分——父母人力资本较低且遗产等于 0——由公式（9）的线性近似给出。公式（17）表明，在中等和较富裕的家庭中，从父母到子女的人力资本的持久性相当强，而且父母的人力资本越高，持久性就越强。

　　在人力资本分布的底端，情况就不那么明朗了，因为在这一群体中，父母和子女人力资本之间的关系取决于收入和替代效应相互抵消的程度。如果这些效应完全相互抵消，那么人力资本的代际关系就是线性的，持久性程度也不那么强。如果收入效应占主导地位，则代际关系在父母收入上呈凹形。

　　我们假定，在所有 $H_p > H^*_p$ 的情况下，遗产都是正的，关系是凸的，而在 $H_p \leq H^*_p$ 时，遗产为零，关系为凹。在 $H_p = H^*_p$ 处，总体关系中存在一个拐点和凸性。

第四部分

收入不平等和公共部门

导言

良好的不平等

许多人，尤其是学者和其他知识分子，觉得"良好的不平等"（good inequality）这个词很刺耳，因为他们很难想象出不平等的任何一个方面是"良好的"。然而，稍加思考就会发现，某些类型的经济不平等具有巨大的社会价值。例如，如果每个人都有相同的收入、地位、声望和其他类型的回报，那么就很难激励绝大多数人付出很多努力，包括创造性的努力。

——加里·S.贝克尔，2011年

自从贝克尔成为一名经济学家，他就关注和思考重大公共政策问题，目的是对辩论产生积极影响，改善公共政策。在分析中，贝克尔总是试图理解新政策的采用所涉及的政治和经济过程，以及为什么有效的政策可能在一开始遇到阻力。

早在1957年，他在兰德公司度过的暑假期间，就写下了《反对征兵制度的理由》（*The Case Against Conscription*），当时完全志愿参军制度正遭到激烈反对。他没有发表这篇文章，因为他"觉得对完全志愿参军制度的反对如此强大，以至于美国将永远不会放弃征兵制度"。仅 12 年后，盖茨委员会（The Gates Commission）成立，此后不久，美国军队招募中就取消了征兵制度。"这次经历教会了我，如果事件和环境发生变化，在某个时期在政治上不可能实现的想法和政策，日后也可能实现。分析公共政策中的缺陷，如果你愿意的话，可以说是为尚未出现的重大政策变革创造思想弹药。"

在过去的几十年里，收入分配问题广受关注，也是经济学家们长期关注的主题。金融危机使人们关注到全球财富和收入不平等的长期趋势，引发了关于不平等问题的激烈辩论，造成了深刻的经济和政治分歧。巴黎经济学院（Paris School of Economics）的托马斯·皮凯蒂（Thomas Piketty）出版了《21 世纪资本论》（*Capital in the Twenty-First Century*）一书，为这场辩论注入了新的活力。

尽管不平等本身并不是坏事，而且在许多情况下可能是好事，但正如在本部分开头的引文中贝克尔所解释的那样，为了减少不平等，人们讨论了许多低效的政策建议，其中一些还得到了实施，包括提高最低工资、对收入最高的人群征收重税等。

在第十二章中，贝克尔提出了由国家进行收入再分配的实证理论。该理论假定政府不是非理性或无效率的，而是与私人企业和家庭一样充分且成功地实现了最大化。例如，政府征税会减少总的消费者福利，但这并不是说政府是非理性的或对这些影响一无所知，而是假定政府获得的政治优势超过了消费者剩余的减少。这一理论确实意味着一种"最优"的收入再分配，但这种最优不一定被视为"公正"或在道德上令人满意。相反，它是额外再分配带来的政治好处与消费者剩余或效率成本之间平衡的结果。

公共政策必须做出某种决策。在进行分析时必须考虑到这样一个事实，即任何项目都会使一些人受益，而使另一些人境况变糟。在贝克尔看来，要制定合理的公共政策，就必须考虑到对不同群体的影响。

在这里，贝克尔提出了富人、穷人和中产阶层的划分，这在模型中是内生决定的。

他建议使用政治偏好函数来替代传统的社会福利函数，该函数将社会的状态分为较不可取、较可取或无差异。

当再分配没有成本时，公平和效率可以分开处理。然而，当再分配有成本时，情况就不再是这样了。这种分析使我们可以理解这样的问题（或表明难以区分二者）：在美国，从收入较高的白人向收入较低的黑人进行再分配，是受到再分配成本的限制，还是受到白人相对于黑人有更大的边际政治权力的限制？

这也解释了为什么在某些情况下，人们会合理地采用低效的再分配方式。贝克尔在他的压力集团文章中再次谈到了这些话题，这也是他对将经济分析应用于政治学的终身兴趣的一部分。

第四部分
收入不平等和公共部门

直到 2014 年，贝克尔还认为，经济学在政治学上的一些最好应用尚未出现。在他未发表的作品中，公共部门的主题并非偶然。

本部分的第二篇文章是贝克尔于 1982 年撰写的关于最优税收的文章。后来他才知道，这些结果已经包含在安东尼·B. 阿特金森（Anthony B. Atkinson）和约瑟夫·E. 斯蒂格利茨（Joseph E. Stiglitz）的《公共经济学讲义》（*Lectures on Public Economics*）中。阿特金森和斯蒂格利茨强调的是，注意到功利主义并不等同于平等主义原则。也就是说，最优的功利主义政策并不是平等主义的。

在第十三章中，即关于第一级最优征税的文章中，贝克尔指出了最优一次性总付税或第一级最优征税的一个悖论性含义，而最优税收文献并未注意到这一点。这个悖论的含义是，一次性总付税会扭转不同个体的效用水平或福利的排序。

很多经济学家和其他社会科学家都有一种看法，在很长一段时间里，收入分配并不是芝加哥大学教师感兴趣的话题。这些作品表明，贝克尔对这一话题非常感兴趣，并愿意就此开展重要工作。

第十二章
收入再分配的实证理论

芝加哥大学经济与国家研究中心第 0006 号工作论文，1978 年 4 月

1. 引言

在过去的十年中，收入的"公正"分配受到了极大的关注，其中最有影响力的贡献是罗尔斯提出的在个人收入相当不确定的情况下实现"公正"的契约方法。已经发展出了一种关于收入实际分配的合理理论，这种理论将代际偏好、对子女人力资本的投资、对子女的遗赠和资产赠予以及可继承的能力和其他特征禀赋结合在一起。然而，仍然缺乏关于国家收入再分配的实证理论。所谓"实证"理论，不是指一个"公正"国家将会做什么的理论，而是指国家实际上做了什么的理论。

本文的理论源于对政府再分配的早期评论和对家庭内部收入再分配的分析。该理论假定，政府不是非理性的，不是一时兴起的，也不是效率低下的，而是像私营企业和家庭一样充分、成功地实现了最大化。例如，政府征收消费税会减少总消费者剩余（产生"浪费"），但这并不意味着政府是非理性的或政府对这些影响一无所知（这是社会科学家通常的评价），而是被推测为政府获

得的政治好处超过了消费者剩余的减少。这无异于说，员工选择工资比其他地方低的工作并不是无知或非理性的，而是被推测为获得了可抵消的有利环境、良好的工作条件或其他心理好处。

这一理论确实意味着收入的"最优"再分配，但这种最优并不一定被认为是"公正"的或在道德上令人满意的。相反，它只是额外再分配所带来的政治好处与消费者剩余或效率成本之间平衡的结果。"公正"可以通过影响再分配带来的政治好处而间接地影响这种最优。

2. 模型

A. 政治偏好函数

这种方法基本的且具争议性的假定是，政治部门最大化一个衡量不同结果的政治好处的函数。由于结果是由不同人的效用来衡量的，因此"政治偏好函数"可以写成

$$P = P(u_1, \cdots, u_n) \tag{1}$$

其中，u_i 是第 i 个人的效用指数（index）。

该政治偏好函数的一个假定属性是，对于所有的 i：

$$\frac{\partial P}{\partial u_i} \geq 0 \tag{2}$$

一项政治决策如果能使特定社会中的某些成员的境况变得更好，同时又不会使其他人变糟，那么这项决策就会获得更多的选

票、效忠、政治捐款或其他决定结果排序的因素。推测来看，如果某人不是这个社会的成员，或者即使他是这个社会的成员，但实际上被剥夺了公民权，那么他的福利变化不会影响结果的排序；也就是说，对于这第 k 个人来说，$\partial P / \partial u_k = 0$。例如，美国政府的一项行动使得别国的人受到伤害或获益，但却没有直接或间接地影响到在美国的人的福利，那么这项行动在美国就没有政治价值。另外，如果被剥夺公民权的人，如英格兰 1832 年改革法案之前的穷人、20 世纪 50 年代之前南方的黑人或 20 世纪之前大多数国家的女性，由于利他主义或担心叛乱和不服从，其福利直接或间接地影响了享有公民权的人的福利，那么政治决策就会受到他们福利的影响。

条件（2）并不假定政治过程中没有嫉妒和怨恨。如果 i 嫉妒 j，即 j 的收入增加会降低 i 的效用，那么在 i 和其他任何人的收入保持不变的情况下，j 的收入增加既会提高 j 的效用，也会降低 i 的效用。只有当 j 的收入增加伴随着 i 的收入的足够增加从而足以补偿 i 增加的嫉妒时，j 的效用才会增加。这种 j 的收入的"补偿性"增加在政治上是有好处的，而单独增加 j 的收入则可能不是。

在政治偏好函数上施加的一个更具争议性的属性是传递性：

$$P_1 \geqslant P_0 \text{ 且 } P_2 \geqslant P_1 => P_2 \geqslant P_0 \tag{3}$$

其中，$\geqslant$ 表示"不被更少地偏好"。对于那些认为政治选择取决于议程排序或取决于哪些决策是通过全民公决、立法行为或行政命令做出的人来说，传递性假定会让他们感到不安。不过，我相信，这种"现实性"的损失会更多地被传递性的含义所抵消，即结果可以完全按照从最坏到最好的顺序排列。这极大地简化了对各种政治参数变化对政治决策影响的分析。请注意，我并没有假定政治偏好函数一定是处处凹的，它在很多部分很可能是凸的。

政治偏好函数的最后一个重要特性是它在政治机会变化时的稳定性。当然，政治动荡可能会随着政治机会的变化而改变政治偏好函数。稳定性假定只意味着更普通的政治机会变化不会显著地影响到政治偏好。

同样重要的是，要清楚政治偏好函数中没有假定的内容，因为政治选择的实证方面和规范方面仍然被无可救药地混为一谈。政治偏好函数并不一定体现任何有吸引力的伦理规则，无论是基于个人主义还是基于有机考虑。因此，关于国家应该如何重新分配收入并以其他方式影响结果的讨论，都与政治行为和政治偏好没有直接关系。不过，其中一些讨论可能是间接相关的，因为它们有助于确定基本的政治结构，而这种结构确实决定了政治偏好的形状。

换句话说，政治偏好函数不应与现代福利经济学中的社会福利函数相混淆，后者表明的是特定伦理信念如何对不同结果进行排序。因此，社会福利函数提出的规范性问题——个人偏好是否应该"计算在内"，或者该函数是否应该"在所有个体的消费上完全（或非常接近）对称"——在考虑政治偏好函数的属性时并不相关。由于该函数解释了实际的政治选择，而且由于政治选区成员的投票和其他政治支持表达方式被假定为受他们自己的效用函数的指导，因此这些个人效用函数必然会影响政治偏好。

在美国，受教育程度较高的人的偏好比受教育程度较低的人的偏好更重要，因为教育增加了投票和积极参与政治活动的倾向，工会工人的偏好比非工会工人的偏好更重要，因为工会提供了政治捐款和开展了其他政治活动，卡车车主的偏好比熟食店店主的偏好更重要，因为卡车车主会影响国际商会（ICC）的管制活动。

消费者经济学假定每个家庭都有一个排序良好的偏好函数，这一假定在解释家庭行为时非常有用，即使这些偏好通常不是从不同家庭成员的偏好和资源之间的相互作用中得出的；同样，即使不了解钟表机械的弹簧、齿轮、石英晶体和其他部件的运作，钟表也可以用来分配一天的时间。同样，政治偏好函数在分析政治选择时也很有用，即使一个人不了解竞选、投票、选举、游说、政治交易、演说、管制机构、行政命令和其他政治机器是如何产生这一函数的。诚然，政治机器看起来比家庭或钟表机械更为复杂。此外，对基本政治机器的理解可能会导致对政治偏好形状的额外限制，就像从家庭成员之间的互动中推导出家庭偏好对家庭行为产生额外限制一样。尽管如此，与分析"给定"政治偏好的含义所付出的努力相比，人们对政治机器给予了过多的关注。

第四部分
收入不平等和公共部门

假定政治偏好只取决于不同人的实际全收入，从而不失一般性地简化了后面的讨论：

$$P = P(I_1, \cdots, I_n) \qquad （4）$$

由于我对"收入"效应的讨论不多，因此在大部分讨论中，我还假定政治偏好函数是位似的：每个人的相对边际政治影响力不受所有人收入的相同百分比变化的影响，或者说：

$$对于所有的 i 和 j，\frac{\partial P / \partial I_i}{\partial P / \partial I_i} = \varphi_{ij}\left(\frac{I_1}{I}, \cdots, \frac{I_n}{I}\right) \qquad （5）$$

其中，$I = \sum I_i$ 是总的实际全收入。

从公式（1）到公式（4）和公式（5）的转换，不需要额外假定效用函数只取决于自己的收入，因为它们也可能正向（"利他"）或负向（"嫉妒"）地取决于其他人的收入。然而，从公式（2）中假定任何人的效用上升都会产生非负的政治影响，转换到假定他自己的收入上升也会产生非负的影响，确实需要额外的假定，即嫉妒的政治影响小于利己的影响力。为了简化，我一般确实假定当任何 I_i 上升时 P 也上升。

图 4.1 和图 4.2 显示了任何两个人的政治无差异曲线的不同集。图 4.1 中的曲线在任何地方都是负的，并且凸向原点，表明每个人收入的增加总是具有正的政治价值，并且其相对价值随着其相对收入的增加而下降。图 4.2 中的无差异曲线在某些区域是正的，而在某些其他区域则是负的，并凹向原点，表明某人收入的增加可能具有负的政治价值——也许是因为嫉妒——而且随着某人相对收入的不断增加，其相对价值也可能增加。

家庭经济学

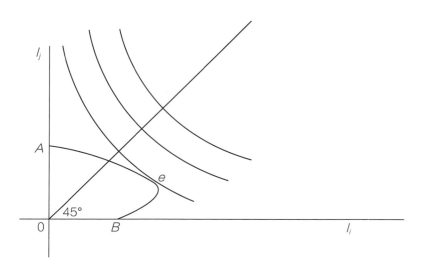

图 4.1　甲的政治无差异曲线

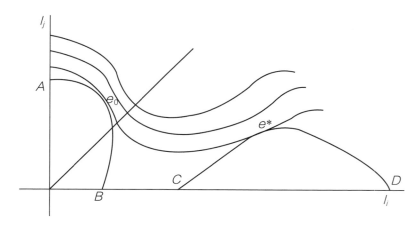

图 4.2　乙的政治无差异曲线

　　在一个社会中，如果政治权力不取决于种族、性别、宗教、家庭背景和其他个人这样的特征，也就是说，如果政治偏好函数在所有人的收入中都是对称的，那么这个社会就可以说是完全民主的。除其他含义外，这一定义还意味着，收入相同的人具有相同的政治权力，也就是说，他们收入的相同（微小）变化会使政治偏好函数的值发生等量变化。也就是说，在一个完全民主的社会中，政治无差异曲线在与原点呈45°的线上所有点上的斜率都是−1。因此，如果政治无差异曲线到处都是凸的，如图4.1所示，那么在一个民主社会中，富人的政治权力就会小于穷人，因为高收入的微小变化对政治偏好函数值的影响小于低收入的等量变化对政治偏好函数值的影响。

B. 政治均衡

政治选择不仅取决于政治偏好函数，还取决于政治机会。我假定政治制度被通过选举、竞选、游说等活动引导着，从政治机会集的所有点中选择处于最高的政治无差异曲线上的那一点。如图4.1所示，如果无差异曲线到处都是负向倾斜，那么均衡位置就必须位于机会集的边界的负向倾斜部分，如 e 点；其他区域的任何一点都将位于较低的无差异曲线上。另外，如果由于嫉妒，无差异曲线有时呈正向倾斜，那么均衡位置就可能位于边界的正向倾斜部分，如图4.2中的 e* 点，因为每个人收入较高的点都会位于较低的无差异曲线上。

3. 最优再分配

A. 一次性再分配

政治机会集取决于可行的生产性政府活动，包括投资、管制和税收，也取决于各种收入再分配造成的"无谓"损失。如果收入可以在没有任何无谓损失的情况下被再分配——通过不影响激励的"一次性"税收和补贴来实现——那么再分配将是等值的：每征税一美元，就转移一美元。如果图 4.3 中的 E 点给出了私营部门提供的"禀赋"收入，那么当再分配在社会上无成本时，机

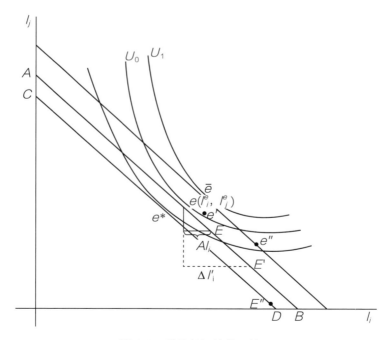

图 4.3　私营部门的分配情况

130

会集的边界将是一条通过 E 点的斜率为-1 的直线。

政治过程将从 i 处征税 ΔI_i，因此均衡点将位于 e 点，在该点上政治无差异曲线的斜率也等于-1。需要注意的是，当转移无社会成本时，政治均衡与禀赋的位置无关——例如，当私营部门提供的分配以 E' 点而非 E 点表示时，也是一样的。然而，再分配的数量紧密地取决于初始条件：征税的数量直接取决于初始的不平等与政治均衡时的不平等之间的差异。事实上，对 i 和 j 的收入超过 I_i^e 或 I_j^e 的部分分别征收了 100% 的税，对低于 I_i^e 或 I_j^e 的部分分别提供了 100% 的补贴。

如果政治无差异曲线总是凹向原点或正向倾斜，那么无社会成本的再分配就会对除一人以外的所有人的全部收入征税，并将这些税款转移给这个人。许多人的税后收入只有在这些无差异曲线在某些区域足够凸的情况下才会是正数。特别是，如果在一个完全民主的社会中再分配是没有社会成本的，如果在这一点附近的区域内无差异曲线是凸的，那么所有的税后收入都是相等的。在一个完全民主的社会中，收入将是均等的，因为无差异曲线的凸性意味着在如下的意义上富人的政治权力小于穷人，即当所有收入均等时，从给定总收入的分配中获得的政治支持是最大化的。此外，在所有再分配没有社会成本的社会中，富人和穷人的边际政治权力将是相同的，因为富人收入的微小变化与穷人收入的同等变化具有相同的政治价值。

生产性政治活动被选中，是否仅因为它们影响到效率——总收入——而政治"公平"是由刚才讨论的纯粹再分配活动来决定的，或者公平是否影响关于效率的决策？特别是，即使不纠正对政治公平的"不利"影响，提高总收入的活动是否总是会被选中？也就是说，政治过程是否只要求有可能补偿失败者？

举例来说，一个公共项目提高了总收入，但减少了穷人的收入。如果最初的立场是无成本再分配的政治均衡，那么这个项目将会被实施，因为总收入会提高，而对收入分配的影响则无关紧要。事实上，如果该项目只对收入产生"微小"的影响，那么即使没有进一步的收入再分配，提高效率也将是唯一的标准。换句话说，在政治上，有补偿失败者的可能性这一点就足够了，而当项目产生"微小"影响时，实际补偿不必发生。

如果该项目是有效的，并提高了总收入，那么代表任何额外再分配之前的收入的点就会被提高到高于初始无成本再分配路径的线之上，即图 4.3 中的 AB 线之上，因为总收入在该路径上是不变的。由于在初始均衡位置上，不同人收入的微小变化在政治上是完美替代的，因此，如果收入的变化"微小"，新的点也将位于比初始均衡位置更高的政治无差异曲线上。例如，图 4.3 中的 e' 点位于 AB 线的上方，也位于比 e 点更高的无差异曲线上，尽管较穷者（j）的收入已经下降。因此，即使不对穷人进行进一步的再分配，新的位置也会比原来的位置在政治上更受青睐。另外，如果该项目对收入产生了"巨大"影响，那么新的点既可能高于初始的再分配路径，也可能低于初始均衡时的无差异曲线，如图 4.3 中的 e'' 点。有补偿失败者的可能性这一点在政治上不再足够，因此，如果不对失败者进行额外的再分配，该项目就不会被实施。

然而，如果收入沿着一条无成本的再分配路径，从新的点被再分配，那么只要该项目提高了总收入，新的政治均衡点就必须位于比初始均衡更高的无差异曲线上。例如，图 4.3 中的新均衡位置在 $\bar{e}$ 点处，显然位于比 e 点更高的无差异曲线上。事实上，如果每个人的福利在政治无差异曲线系统中都是优等"商品"，那么收入的额外再分配将会过度补偿失败者，从而使所有人在新的政治均衡中都有更好的境况。因此，对新技术或任何其他有效项目的公共投资都会受到一致青睐，因为在达到政治上最优的再分配数量后，每个人的境况都会变得更好。

因此，如果再分配是无成本的，那么公共项目就会在当且仅当它们是有效的情况下被实施；对公平的任何不利影响都会被忽略，因为一次性总付税可以更好地处理这些影响。此外，有效的公共项目将会获得政治上的一致支持，因为政治上最优的再分配过度补偿了失败者，使每个人的境况都变得更好。进一步地，如果收入只受到轻微影响，那么即使失败者得不到任何补偿，效率也会成为一个必要且充分的政治标准。

无成本再分配对私人激励也有相当显著且被忽视的影响。每个人似乎都会有私人激励来采取一切对他有利的行动，而不考虑对他人的不利的"外部"影响——如果那些受到损害的人无法联合起来"贿赂"他，使他不采取这些行动的话。然而，由于这些行动"恶化"了收入分布，政治体系会重新分配收入，使他的收入减少，以补偿那些受到损害的人。事实上，如果这些行为没有社会效率，减少了总收入，如果再分配是无成本的，那么就会有足够的收入从他那里再分配出去，从而使他和其他任何人的境况都变得更糟。例如，如果图 4.3 中的 i 可以提高自己的收入，并使 j 的收入下降得更多，从而将禀赋收入从 E 点变为 AB 下方的再分配线 CD 上的 E'' 点，那么在 e^* 处的新的政治均衡上，i 和 j 的境况都会变得更糟。预见到这一结果，i 将不想采取这一行动。

事实上，由于有效边际税率超过 100%，所有的人都不愿意采取减少总收入的行动。如果某人减少的其他人的收入超过他自己增加的收入，政府不仅会征税征走他收入的全部增加部分，还会征走他之前的部分收入，以更好地补偿其他人的损失。因此，如果再分配是无成本的，那么每个人都会有一种利己的动机，将影响到自己行动的所有"外部"影响完全内部化，并避免那些社会无效的行为。特别是，他会愿意降低自己的收入，以更多地提高其他人的收入，因为政府会自动地过度补偿他的损失。请注意，这一结论只要求政府知道不同人的收入，并不要求政府知道收入是如何确定的。

B. 社会有成本的再分配

对收入进行再分配的税收、补贴和管制包括对个人或公司收入的税收，对不同商品或财产的消费税，对高等教育或农村地区邮政服务的补贴，对抚养教育子女的母亲的援助，发放食品券，对进入航空业的限制等。这些都不是社会无成本或一次性的干预措施，而且确实影响了资源的配置：与收入挂钩的个人所得税和转移支付将时间从市场重新分配到家庭部门，对外国钢铁征收关税鼓励了国内钢铁生产，对航空业的准入限制降低了航空运输的效率。

由于这些用于收入再分配的方法会产生社会成本，因此不能将公平和效率分开处理。无成本再分配的其他含义也会受到很大影响；特别是，如果再分配是有社会成本的，那么有效的公共项目可能不会使每个人都过得更好，私人行为不会完全纳入所有"外部"影响，政治均衡中的收入不平等将取决于私人赋予的不平等水平。

为了简化讨论，我暂时做一个不切实际的假定，即消费者剩余损失，或者说是"无谓"损失，是再分配的每一美元中的一个恒定部分，由不同税收、补贴和管制引起的资源错配决定。因此，如果图 4.4 中的 E 点代表禀赋收入，那么从 i 处的再分配将沿着直线 AE 进行，斜率等于 $(1 - w) < 1$，其中 w 是每再分配 1 美元所造成的消费者剩余损失；同样，从 j 处的再分配将沿着直线 EB 进行，斜率等于 $1/(1 - w) > 1$。再分配机会的集合将是凹形的，其边界由线段 AEB 形成。

如果政治无差异曲线要么是正向倾斜的，要么是凹的，那

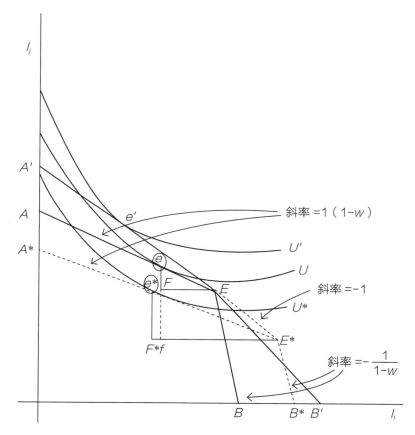

图 4.4　社会有成本的再分配

么，要么就不会有再分配，均衡点就会在禀赋点 E，要么收入就将被再分配，直到 i 或 j 的全部收入被没收，均衡点就会在 A 或 B 轴上。如果在不没收 i 或 j 的全部收入的情况下，收入从 E 点被再分配，那么均衡点必然位于无差异曲线的凸段，如在 e 点，此时 EF 从 i 点被再分配，$eF = (1 - w)EF$ 被转移给 j，$EF - eF =$

第四部分

收入不平等和公共部门

wEF 是再分配带来的总的无谓损失。

穿过 e 的无差异曲线的斜率等于 AE 的斜率，即不同人的"可支配"收入的微小变化在政治上不会像无成本再分配时那样是完全替代品，因为受补贴的人的可支配收入的变化比纳税人的可支配收入的等量变化具有更大的政治价值。此外，即使在完全民主的情况下，所有可支配收入也不会被均等化；由于收入再分配的无谓损失的成本，纳税人将比受益人有更高的收入。

$$\left.\begin{aligned} -\frac{\mathrm{d}I_j}{\mathrm{d}I_i} &= 1-w, \\ \text{和}\quad \frac{\mathrm{d}I_j^2}{\mathrm{d}I_i^2} &> 0\,(\text{呈凸性})\,。 \end{aligned}\right\}\tag{6}$$

公式（6）和政治偏好函数近似位似的假定意味着，减少再分配的每一美元的无谓损失——也许美国在 20 世纪初引入所得税减少了再分配的损失——会增加再分配的金额，从而减少可支配收入的不平等。例如，减少 w 会使图 4.4 中的边界从 AEB 变为 $A'EB'$，均衡位置从 e 变为 e'。I_i 对 I_j 的比值减少，从而增加均衡位置处的无差异曲线的斜率。随着 w 越来越小，再分配集的边界将趋于斜率为 -1 的直线；完全民主时的均衡不平等量将越来越小，并趋于零。

如果禀赋不平等增加，而总收入保持不变，那么再分配的收入也会增加。图 4.4 中的禀赋点从 E 转移到 E^*，那么再分配就会从 EF 增加到 E^*F^*。由于再分配的每一美元中都有一部分被"浪费"了，因此，在对额外收入进行再分配时，可支配总收入和政治效用都会减少：两者在 e^* 时都低于 e 时。在政治偏好函数中，如果所有收入都是优等"商品"，那么富人的可支配收入也会被减少，因为他们税收的增加将超过其禀赋收入的增加；图 4.4 中 i 的收入在 e^* 处比 e 处低 FF^* 的数量。事实上，如果偏好函数是位似的，那么可支配收入的相对不平等将只取决于无谓损失率，而与禀赋不平等无关，因此所有可支配收入的增减比例与禀赋不平等的降升比例相同。

如果第三个人 g 的禀赋收入比 i 多，如果两个人都被征税以补贴 j，那么如果 g、i 和 j 的可支配收入满足以下条件，政治效用就会最大化：

$$-\frac{\mathrm{d}I_j}{\mathrm{d}I_i} = 1 - w_i \text{ 且} -\frac{\mathrm{d}I_j}{\mathrm{d}I_g} = 1 - w_g \qquad （7）$$

其中，w_i 和 w_g 分别是对 i 和 g 征税一美元的无谓损失的成本。因此：

$$\frac{\mathrm{d}I_i}{\mathrm{d}I_g} = \frac{1 - w_g}{1 - w_i} \qquad （8）$$

如果 g 和 i 的无谓损失相同，$w_g = w_i = w$，他们可支配收入的相等微小变化必须具有相等的政治价值，而这只有在完全民主的情况下，当他们的可支配收入相等时才有可能。因此，如果每个人的无谓损失相同，政治民主就会使每个纳税人的可支配收入均等化。也就是说，对所有超过一定水平的禀赋收入征收 100% 的税。

同样，如果另一个人 k 的禀赋收入低于 j，如果这两个人都

通过对可支配收入相同的人征税来获得补贴，那么政治均衡要求

$$\frac{\mathrm{d}I_j/\mathrm{d}I_i}{\mathrm{d}I_k/\mathrm{d}I_i} = \frac{\mathrm{d}I_j}{\mathrm{d}I_k} = \frac{1-w}{1-w} = 1 \qquad (9)$$

只有在完全民主的情况下当他们的可支配收入相等时，这才有可能。因此，在完全民主的情况下，j、k 和其他任何获得补贴的人都将拥有相同的可支配收入，或者对所有低于某一水平的禀赋收入征收 100% 的负税。

如果 $\underline{I}$ 是被补贴的禀赋收入的最大值，$\bar{I}$ 是被征税的禀赋收入的最小值，则介于 $\bar{I}$ 和 $\underline{I}$ 之间的所有收入 I_p 既不会被征税，也不会被补贴，因为在均衡点处的无差异曲线的斜率将小于 I_p 和 $\bar{I}$ 之间的 $1-w$，大于 $\underline{I}$ 和 I_p 之间的 $1-w$。由于高于 $\bar{I}$ 的所有收入都被征税了，连续性意味着 $\underline{I}$ 和 $\bar{I}$ 之间的无差异曲线的斜率将恰好等于 $1-w$。

图 4.5 显示了一个完全民主社会中的隐含税收计划，其无谓损失率不变。所有禀赋收入低于 $\underline{I}$ 的人在 $\underline{I}$ 与他们收入之间的差额上获得了完全补贴，所有禀赋收入高于 $\bar{I}$ 的人在这些差额上被全额征税，而位于 $\underline{I}$ 和 $\bar{I}$ 之间的收入既不被征税也不被补贴。这些区间之间的距离由因再分配导致的无谓损失和政治偏好函数的形状决定。例如，如果 $w = 1/2$，如果政治偏好函数是柯布–道格拉斯（Cobb–Douglas）函数，则完全民主的情况下会有 $\bar{I}/\underline{I} = 2$。如果在美国 $\underline{I}$ 等于 4000 美元，$\bar{I}$ 将等于 8000 美元，而有收入的所有人中 24% 不会被征税，因为他们的收入在 4000 美元和 8000

美元之间，35% 的人将因其收入与 8000 美元之间的差额而被全额征税，41% 的人将因其收入与 4000 美元之间的差额而得到全额补贴（这些数额是根据美国人口普查局 1976 年的数据计算得出的）。

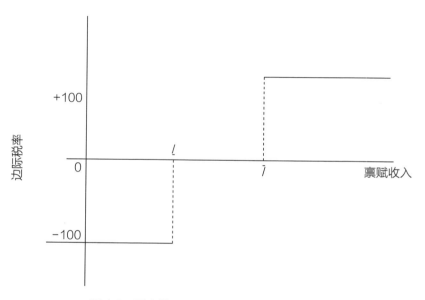

图 4.5　民主情况下无谓损失率恒定的税收结构

随着 w 的增加，$\underline{I}$ 将减少，$\bar{I}$ 将增加，从而使被征税或被补贴的人数随着 w 的增加而下降。一个极端是，如果 $w=0$，如果由于所有税收和补贴实际上都是一次性的，因此再分配没有无谓损失，那么 $\underline{I}$ 将等于 $\bar{I}$，或一个完全民主的社会就会使所有可支配收入均等化。在另一个极端，如果 $w=1$，$\underline{I}$ 和 $\bar{I}$ 将分别为 $-\infty$ 和 $+\infty$：没有任何收入会被征税或被补贴，因为收入无法再分配。

我经常使用的假定是，一个社会是完全民主的，政治偏好函数并不取决于人的身份。然而，促进私人收入的相同个人特征——精力、教育、能力、种族、性别、宗教等——往往也促进政治影响力。如果确实如此，这样的社会将是非民主的，因为在可支配收入相同的情况下，禀赋收入较多的人往往比其他人具有更大的政治影响力。在这样的社会中，即使通过一次性总付税进行再分配，也无法完全实现可支配收入的均等化：拥有较多禀赋收入的人也往往拥有较多的可支配收入。

更一般地，可支配收入的分配将更加不平等——禀赋收入越高的人被征收的税越少——这些人的政治影响力就越大。图 4.6 中的 e 点给出了一个民主社会中的政治均衡，该点的无谓损失为正，而 e^* 点则给出了一个具有相同无谓损失和在政治上有利于禀赋收入较高者的社会中的均衡。与 e 点相比，e^* 点对较富裕的人 i 征收的税更少，因为非民主社会的政治无差异曲线更有利于较富裕的人。

如果纳税人的禀赋收入不同的话，一个非民主的社会不会使所有纳税人的可支配收入均等化。事实上，表面上的税制甚至可能是急剧累退的：在较高的禀赋收入水平上，总税收可能只是略高或甚至更低。同样，一个非民主的社会也不会使所有被补贴者的可支配收入均等化，在较高的禀赋收入水平上，总补贴甚至可能会更高。民主程度的下降——政治偏好函数向禀赋收入较高者的转移——会降低被补贴的禀赋收入最大值，提高被征税收入的最小值，增加既不被征税也不被补贴的人的比例，总体上减少从高禀赋收入向低禀赋收入的再分配数量。

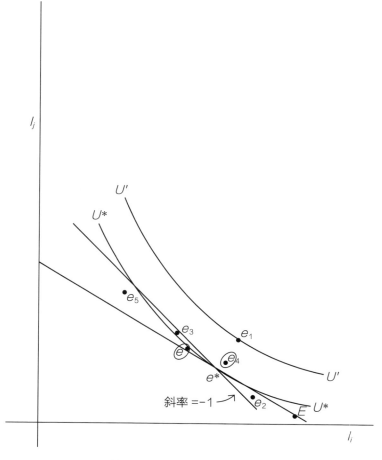

图 4.6　民主社会中的政治均衡

然而，在非民主社会中，适用于任何特定个人的真正边际税率和补贴率要比表面税率陡峭得多，而且被严重低估。事实上，即使表面税率和补贴率很低，甚至可能是负值，非民主社会的真实税率也会和民主社会一样高：所有被征税的人边际税率为100%，所有被补贴的人边际税率为-100%，而既不被征税也不被补贴的人税率为零。举例来说，如果一个人的禀赋收入由于变量的变化而增加，而变量的变化与决定其政治影响力的特征无关，那么政治偏好函数将保持不变。由于总收入只增加少量，政治效用水平将大致保持不变。如果他在一开始被征税或被补贴，所有均衡条件都不会改变，因此在新的均衡下，所有被征税或被补贴的人的可支配收入都将大致不变。因此，即使表面上的边际税率或补贴率很低，甚至是负值，他的全部收入增加也会被征税征走。

在完全民主的情况下，根据被补贴的禀赋收入最大值 $\underline{I}$ 和被征税的禀赋收入最小值 $\bar{I}$ 的证据，可以很容易地用下式估算出无谓损失：

$$\hat{w} = 1 - (I^- / \bar{I})^{1/\sigma} \qquad (10)$$

其中，σ 是政治偏好函数中的替代弹性。由于民主程度的下降降低了被补贴的收入的最大值，提高了被征税的收入的最小值，因此当民主程度低于完全民主时，公式（10）会夸大无谓损失。一个同样适用于非民主社会的更一般的式子是：

$$\left.\begin{array}{l} \hat{w} = 1 - (b\underline{I} / \bar{I})^{1/\sigma} \\ b = \dfrac{\partial P}{\partial I_i} \bigg/ \dfrac{\partial P}{\partial I_j} > 1, (I_i = I_j) \end{array}\right\} \qquad (11)$$

其中，个体（j）的禀赋收入为 $\underline{I}$，个体（i）有更高的禀赋收入 $\bar{I}$。

例如，如果 $\sigma = 1$，$\underline{I} / \bar{I} = 0.5$，公式（10）估计的无谓损失为 0.5，而如果 $b = 1.5$，在可支配收入相同的情况下，如果拥有禀赋收入 $\bar{I}$ 的人的边际政治影响力比拥有禀赋收入 $\underline{I}$ 的人大 50%，真实损失将仅为 0.25。这就是为什么在不同国家观察到的收入不平等有时是由于再分配对资源配置的不利影响——再分配的无谓成本——有时是由于缺乏完全的民主。举个例子，在美国，从高收入白人到低收入黑人的再分配是受限于再分配的成本（或"浪费"），还是受限于白人比黑人拥有更大的边际政治权力？

本文采用的方法产生了如图 4.5 所示的累进所得税结构，而无须对禀赋收入的分布形状、不同收入水平上能够组成获胜"联盟"的人数或对有风险的收入前景的态度做出任何假定。主要的假定非常不同，即政治选择不是由"选票"的机械计数决定的，"选民"偏好的"强度"决定了政治偏好函数的形状，而政治偏好函数是被政治过程最大化的，政治均衡不是一个"角点解"，因为政治无差异曲线实际上是凸的。

很容易看出，在这个模型中，再分配的方向并不取决于拥有不同禀赋收入的人的数量。如果一个人的收入为 I_0，而其他 99 个人的收入为 $I_1 > I_0$，如果所有人都是利己的，如果政治选择是由多数规则（majority rule）决定的，而不考虑个人偏好的强度，那么任何再分配都是从这样一位穷人到这样许多富人。另外，如果政治选择是由一个取决于个人偏好强度的偏好函数决定的，而且如果政治无差异曲线在禀赋点 $(I, I_1, \cdots, I_{99})$ 上是凸的，斜率为 $-(\mathrm{d}I_0 / \mathrm{d}I_1^j) < 1$，对所有 j 都成立，那么任何再分配都是由这样许多富人向这样一位穷人进行的。穷人在政治上的获益大于富人损失的总和，这大概是因为这种政治反应的强度可以抵消富人更大的数量。然而，大的变化并不总是在政治上压倒许多小的变化，因为如果 $I_1 < I_0$，且在禀赋点的凸形无差异曲线有 $-(\mathrm{d}I_1^j / \mathrm{d}I_0) < 1$，对所有 j 都成立，再分配是从单一的富人到众多穷人中的每个人的少量获益。

我在上一节中已经说明，如果一个公共项目在没有无谓损失的情况下改变政治均衡附近的收入，当且仅当它提高了总收入时，这个公共项目会提高政治效用，无论它对收入分配有什么影响。如果一个项目在有正向的无谓损失的情况下改变均衡附近的收入，比如图 4.6 中 e^* 点附近，那么如果所有收入都提高了，显然也会提高政治效用：e_1 点比 e^* 点处于更高的无差异曲线上。

然而，总收入的提高不再足够了，因为公式（6）显示，在计算政治效用时，被补贴者——在民主的情况下必然是穷人——收入的变化所占权重比被征税者收入的变化所占权重更大。一个"恶化"收入分配的项目，即使提高了总收入，也可能降低政治效用。例如，e_2 点的总收入大于 e^* 点，但 e_2 处于较低的无差异曲线上，因为更穷的人 j 的收入明显更低。同样，一个降低总收入的项目如果能充分"改善"收入分配，就可能提高政治效用。在图 4.6 中，即使总收入较低，e_3 点的政治效用高于 e^* 点，因为 j 的收入足够高。

因此，在存在无谓损失的情况下，一个公共项目是否提高政治效用，不仅取决于其对效率的影响，还取决于其对公平的影响。幸运的是，效率和公平可以合并为一个简单的必要充分条件：当且仅当收入变化的加权和为正时，其中被补贴者的权重较大，一个对收入有"微小"影响的项目才会提高政治效用。公式（6）表明了为什么他们应获得更大的权重，因为如果政治效用在公式（6）成立时保持不变，那么它的增减必须遵从下式：

$$\mathrm{d}P = \mathrm{d}I_i + \frac{1}{1-w}\mathrm{d}I_j \gtreqless 0 \qquad （12）$$

其中 i 被征税，j 被补贴。更一般地，政治效用会随着 $\mathrm{d}P \gtreqless 0$ 而增加、保持不变或减少，即随着：

$$\sum\nolimits_{all\ i \in t} \mathrm{d}I_i + \frac{1}{1-w}\sum\nolimits_{all\ j \in s} \mathrm{d}I_j + \sum\nolimits_{all\ p \in 0} \frac{1}{1-\alpha_p w}\mathrm{d}I_p \gtreqless 0 \qquad （13）$$

其中 $0 \leq \alpha_p \leq 1$，$\sum \mathrm{d}I_i$ 和 $\sum \mathrm{d}I_j$ 分别是纳税人和被补贴者收入的总变化，$\mathrm{d}I_p$ 是既未纳税也未被补贴的人的收入变化。

当再分配产生无谓损失时，效率和公平就无法分开，公共项目只能通过效率来评估，而公平通过税制单独处理。无谓损失意味着，由于再分配会降低效率，因此仅通过税制无法实现"完全"公平。因此，如果一个项目的收入再分配比税制更"有效"，那么即使总收入减少，该项目也可能被实施；同样，如果一个项目对公平产生了不利影响，那么即使总收入增加，该项目也可能不会被实施。

公式（13）中的权重与为评估公共项目而建议的"分配"权重一脉相承。然而，一个主要区别是，公式（13）中的权重不是基于临时性的公平念头，而是从对政治行为的实证分析中推导出的，该分析还指出了如何从税制的信息中确定权重。例如，图4.5 所示的那种真正的税制，并假定政治偏好函数为柯布-道格拉斯，那么所有被征税的人都会得到一个一致的权重，所有被补贴的人都会得到一个更大的权重，权重等于 $(1/b)(\bar{I}/\underline{I}) > 1$，其中 $\bar{I}$ 是被征税的收入的最小值，$\underline{I}$ 是被补贴的收入的最大值，$b > 1$ 是对完全民主的偏离的衡量 [见公式（11）]，既未被征税也未被补贴的收入为 I_p 的人将获得一个等于 $1 < (I_p/\underline{I})(1/b_p) < (\bar{I}/\underline{I})(1/b)$ 的权重，因为 $\underline{I} < I_p/b_p < \bar{I}/b$。

一个公共项目可以既提高政治效用，又降低许多人的收入；在图 4.6 中，e_3 处的效用高于 e^* 处，尽管 i 的收入较低。然而，如果在政治偏好函数中所有收入都是优等"商品"，那么在项目实施后的最优收入再分配将使所有被征税或被补贴的人的收入高于其初始水平，因为这些人的收入之间的交换率将保持不变。在图 4.6 中，一个项目将收入从 e^* 点变为 e_3 点后，新的再分配均衡在 e_4 点，在这里 i 和 j 的可支配收入都比在 e^* 点时要多。由于他们的可支配收入将会变多，所有被补贴的"穷人"和所有被征税的"富人"都将一致同意提高政治效用的项目。同样的推理表明，他们会一致反对降低政治效用的项目。

家庭经济学

另外，"中产阶层"成员对不同项目的评价不尽相同。如果一个提高政治效用的项目降低了一个最初既没有被征税也没有被补贴的人的收入，如果他继续保持在"角落"，那么即使是最优的收入再分配也不会影响他的收入。同样，在一个提高他的收入但降低政治效用的项目实施后，即使一个最优的收入再分配，也不会减少他的收入。因此，这个中产阶层的一些成员会倾向于成为富人和穷人的政治对手，青睐富人和穷人他们一致反对的项目，而反对他们一致青睐的项目。

如果收入总是以最优方式进行再分配，公式（12）给出了大型和小型项目都能提高政治效用的必要且充分的条件。此外，所有富人和穷人——那些被征税或被补贴的人——都会从提高政治效用的大型项目中获益，并形成一个政治"联盟"，反对因这些项目而受损的中产阶层成员。然而，如果项目实施后收入没有进一步再分配，那么当项目规模较大时，公式（12）将不够充分，因为公式（12）中的不平等可能是正数，但政治效用可能会降低。例如，图 4.6 中的 e_5 点位于比 e^* 点更高的再分配线上，表明公式（12）中的不平等为正值，而 e_5 位于较低的政治无差异曲线上。

当收入得到最优再分配时，每个富人和穷人利己的私人利益与公共"利益"是相同的，因为每个人都只想采取提高政治效用的行动，避免降低政治效用的行动。例如，一个富人可以提高自己的收入，但同时降低许多其他人的收入，这样政治效用也会被降低。由于他的可支配收入会随着政治效用的增减而增减，他自己的利益会促使他避免这些行动,实际上是将他行动的所有外部影响内部化。当政治效用下降时,他的可支配收入也下降,因为他的税收的增加会超过他的禀赋收入的增加:他的有效边际税率实际上会超过100%。他不仅考虑对其他每个人的"外部"影响,甚至比起对自己的禀赋收入变化赋予的权重,会对其他人的禀赋收入变化赋予更大的权重,因为比起被征税的人的禀赋收入变化,政治效用更多地受到未被征税的人的禀赋收入变化的影响[见公式(12)]。

同样的论证表明,被补贴者,即穷人,也会将所有外部性完全内部化,即使他们自己的禀赋(不是可支配)收入下降,他们也会像在努力提高政治效用一样来行动。中产阶层的情况又有所不同:他们不会将自己行动的外部效应内部化,因为他们自己的利益与公共的利益之间存在冲突。由于假定他们不纳税,也不享受补贴,他们不会受到收入再分配的影响,因此,无论对他人产生何种不利影响,他们都没有激励去避免提高禀赋收入。换句话说,即使每个人都是完全利己的,富人和穷人似乎也比中产阶层更关心整个社会,更具有公共利他主义,因为富人和穷人的可支配收入与政治效用水平密切相关,而中产阶层的可支配收入在很大程度上与政治效用无关。

C. 上升的无谓损失

与一次性总付税和补贴相比,由于税收和补贴导致的无谓损

149

失率恒定，是更现实的假定，但一个更加现实的假定是允许损失随征税或补贴金额的变化而变化。在完全均衡的未扭曲位置上，征收小额税的影响很小，因为在未扭曲均衡周围的小范围区域内，所有点的效率都是相同的。然而，随着税率不断提高，进一步提高的税率将导致正向的、总体上不断上升的无谓损失率，因为在越来越扭曲的均衡位置上征收了额外的税。

随着税收补贴率增加，效用下降的货币价值可以衡量边际的无谓损失率。如果第 j 个市场的税率增加，这种衡量方式下的边际损失近似为：

$$V \cong \sum T_i \frac{\Delta X_i}{\Delta T_j} + \frac{1}{2} \Delta T_j \frac{\Delta X_i}{\Delta T_j} \qquad (14)$$

其中，T_i 是第 i 个市场的税收或补贴（或其他扭曲），ΔX_i 是给这个市场带来的产出变化。如果 $T_i = 0$ 对于所有 i 都成立，并且如果 ΔT_j 较小，则无谓损失近似为零。除非税收增加对资源配置的影响，即 $\Delta X_i / \Delta T_j$ 能充分地降低，否则边际损失会倾向于随着 T_i 的增加而上升。恒定的边际无谓损失要求 $\Delta X_i / \Delta T_j$ 下降到足以正好抵消 T_i 增加的影响。

本节提出了一个可能更合理的假定，即边际损失随着征税的增加而增加。那么，再分配集的边界就不是一条直线，而是一条穿过代表禀赋收入的点的凹曲线。如果这些收入形成了一个未扭曲的均衡位置，那么这个边界的斜率在禀赋点处等于-1，并且随着收入被再分配，斜率的绝对值会减小，见图 4.7 中的边界 AE_0B。我们假定收入将以最有效的方式进行再分配，即任何给定数量的再分配都将最小化无谓损失。公共部门最大化政治效用，因此会施加一套"最优"税收，最小化无谓损失。因此，边际无谓损失的上升和再分配集边界的其他特性并不意味着税收无效和其他公共错误或不理性。

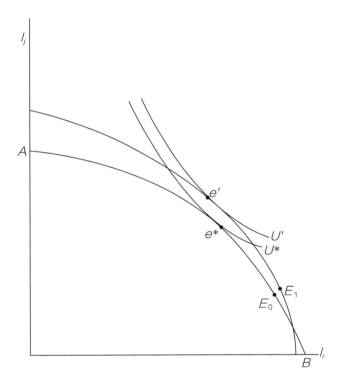

图 4.7　边际损失假设下的再分配集

可支配收入由凹的再分配边界与政治无差异曲线之间的切点给出，即图 4.7 中的 e^* 点，其中

$$\left. \begin{aligned} &\text{和} \quad -\frac{\mathrm{d}I_j}{\mathrm{d}I_i} = 1 - w(R_{ij}, I_i^0, I_j^0) \\ &\frac{\mathrm{d}w}{\mathrm{d}R_{ij}} > 0, \text{且推测} \ \frac{\partial w}{\partial I_k^0} < 0, k = i, j \end{aligned} \right\} \qquad (15)$$

其中 w 是当从 i 身上征税 R_{ij} 时的边际无谓损失。当 $R_{ij}=0$ 时，如果 $w=0$，那么一个民主社会就会从像 i 这样禀赋收入较高的人那里再分配走收入，但这不会使可支配收入均等化，因为随着再分配数额的增加，无谓损失也会上升。由于再分配的边界是凹的，因此它可能与政治无差异曲线的凹的区域相切，或者说，在这一凹的区域中，给定总收入的更平等分配会降低政治效用。然而，均衡位置处的无差异曲线的凹度必须小于边界的凹度，从而，除非边际无谓损失随着更多的再分配迅速上升，否则凹度不会很大。因此，我继续简化讨论，假定政治无差异曲线是凸的，至少在均衡位置附近是这样。

我还在大部分讨论中做了简化，假定无谓损失不依赖于规模，即 R_{ij}，I_i^0 和 I_j^0 的等百分比变化不影响 w。因此：

$$\left. \begin{aligned} &w(R_{ij}, I_i^0, I_j^0) = g\left(\frac{I_i^0}{R_{ij}}, \frac{I_j^0}{R_{ij}} \right) = f\left(\frac{R_{ij}}{I_i^0}, \frac{R_{ij}}{I_j^0} \right) \\ &\frac{\partial w}{\partial (R_{ij}/I_i^0)} > 0 \ \text{和} \ \frac{\partial w}{\partial (R_{ij}/I_j^0)} > 0 \end{aligned} \right\} \qquad (16)$$

随着 i 的收入中被征税的比例或 j 的收入中被补贴的比例增加，边际无谓损失也会增加。

当且仅当 i 的收入变化加上 j 的收入变化（按 $1/1-w$ 加权）为正值时，对收入影响"微小"的公共项目会提高政治效用。当无谓损失不变时，必要条件和充分条件同样适用，只是边际损失和平均损失此时相等。如果收入在项目实施后和实施前都进行了最优化的再分配，那么政治收入效应将同时使 i 和 j（更一般地，任何被征税或被补贴的人）的收入增加到高于他们初始的水平。然而，这种收入效应反过来又会引起边际损失的变化，从而在受项目损害者的收入提高方面增加了成本。

例如，考虑一个降低 i 收入、提高 j 收入的理想项目。通过减少 i 的税收，收入将被再分配给 i。由于减税会减少边际无谓损失，因此向 i 的再分配会引发远离 i 的替代效应。因此，即使政治效用提高了，i 的均衡可支配收入也可能因该项目而减少（比较图 4.7 中的 e^* 点和 e' 点）。因此，当边际无谓损失不是恒定的，而是取决于再分配数量时，上一节令人惊讶的结论——所有被征税或被补贴的人一致支持或反对不同的公共项目——并不一定成立。

上一节还得出结论，每个被征税或被补贴的利己者都会将其私人行为的所有外部影响内部化，并且只采取能提高政治效用的行动。当边际无谓损失取决于再分配数量时，这一自相矛盾的结论就几乎不存在了。设想 i 可以通过提高 j 的收入和政治效用的一项行动来降低自己的收入。我们刚才已经表明，减少对 i 征税的数量，会导致边际损失的下降，这足以阻止对 i 的再分配，从而使他的均衡可支配收入降低。如果是这样的话，一个正确地预期到公众对其行动反应的利己的 i 就不会采取该行动。同样，他

153

家庭经济学

可能采取一项降低政治效用的行动，如果这项行动从他那里重新分配的数量有限，从而足以提高他自己的收入的话。

因此，当边际无谓损失取决于征税数量时，私人行动的外部效应不一定会被内部化。事实上，由于任何一个人的行动对总政治效用的影响几乎一直是微乎其微的，他的行动引起的政治替代效应比政治收入效应占优势，利己的人几乎没有政治激励去考虑其私人行动的外部效应。

如果政治偏好函数是位似的，所有禀赋收入增加相同的百分比，从而使禀赋不平等保持不变，那么所有税收和所有可支配收入都将增加相同的百分比，因为边际无谓损失［见公式（16）］和政治无差异曲线的斜率都将保持不变。因此，在相对不平等程度相同的情况下，机会集将与无差异曲线相切。因此，可支配收入的均衡不平等将与总收入无关，"贫困"的政治定义将是平均收入的某个恒定比例。

禀赋不平等的上升将增加对较穷者的再分配，也会增加边际无谓损失，因为边际无谓损失正向地取决于再分配的数量。如果偏好函数是位似的，如果边际损失由公式（16）给出，那么，在禀赋收入不平等增加时，可支配收入的不平等就必须增加，从而以一减去边际损失［公式（15）中的 $1-w$］的方式减小无差异曲线的斜率。毫不奇怪，"贫困"的政治定义取决于减少"贫困"的成本。需要注意的是，当禀赋收入和可支配收入的不平等程度增加时，分配给较穷者的收入变化的均衡权重也会增加，因为较穷者收入和较富者收入之间的政治交换率会向较穷者倾斜。

较穷者政治权力的增加会改变政治偏好函数，使之有利于他们，将增加对他们的再分配，从而减少可支配收入的不平等。由于再分配的增加也会增加边际损失，因此在对公共项目进行政治评估时，较穷者收入的变化将占据更重要的权重。因此，在再分配增加、收入不平等减少的同时，较穷者政治权力的增加会提高公共项目和其他政治决策中对公平的关注。这是否描述了 20 世纪西方世界发生的事情？

假定政治偏好函数在不同人的收入中是对称的（在完全民主的情况下），许多人都要被征税和被补贴。进一步假定，当所有人的收入用来纳税的比例相同时，增加税收带来的边际无谓损失对于所有人来说是相同的；同样，当所有人获得的补贴的比例相同时，增加补贴带来的边际损失对于所有人来说也是相同的。那么，政治上最优的税收结构将是累进的：边际税率将介于–1 和 1 之间，并会随着收入的增加而增加。

为了证明这一点，假定情况相反，即纳税比例不取决于收入。每个被征税的人的边际无谓损失都将是一样的，但政治偏好函数中他们收入之间的边际替代率将有利于收入较低者。因此，可以通过提高收入较高者的税率和降低收入较低者的税率来增加政治效用，直至：

$$-\frac{\mathrm{d}I_g}{\mathrm{d}I_i} = \frac{1-w_i}{1-w_g} \tag{17}$$

左边的项是政治偏好函数中 I_g 和 I_i 之间的边际替代率，如果 $I_g < I_i$ 则左边的项在民主的情况下小于 1，而右边的项取决于分别对 i 和 g 征收额外税款的边际损失。因此，在均衡状态下，对 i 征税带来的边际损失必须超过对 g 征税带来的边际损失，这意味着，给定我们关于边际损失函数的假定，i 支付的税占收入的比例超过 g 支付的比例，或者说税收结构是累进的。同样的论证表明，对于禀赋收入较低的人来说，获得的补贴占收入的比例更高。

然而，不同收入者的损失函数可能不尽相同，因为他们在能力、职业、支出、子女、婚姻状况以及影响到他们对不同税收反应的其他方面往往不同。此外，对某个人征税（或补贴）的边际损失可能取决于被补贴（或被征税）的对象，因为有些税收和补贴更自然地具有互补性。例如，对汽油征税意味着对地铁和公共汽车员工的"补贴"，或者对公立学校的补贴也是对私立学校员工的"征税"。

这些考虑意味着，即使是完全民主的情况下，也可能通过一个最优的税收和补贴制度来最大化其政治效用，而这个制度只是弱累进的，而不是均等地累进的，而且对总收入相同的人的影响也大不相同。最优制度也可能存在多边"贸易"：较低收入者 j 被征税，以补贴较高收入者 g；后者被征税，以补贴比之更高收入者 i；后者被征税，以补贴 j。净效应可能是从 g 和 i 到低收入者 j 的大量再分配，但特定的税收或补贴将是"累退的"。因此，

第四部分
收入不平等和公共部门

税收和补贴制度的净效应不能仅从特定的税收或补贴中推断出来：例如，国家对高等教育的补贴将收入从较穷者再分配给较富者，这种补贴可能是高度累进性的制度的一部分（美国的税收和补贴制度也是如此）。因此，如果不了解高等教育的再分配对整个制度的贡献，就无法对其进行评估。

第十三章
关于第一级最优征税和最优效用分布的文章

未发表的手稿，芝加哥大学经济系，1982 年

　　最优税收文献一般都避免一次性总付税，因为假定了对于产生不同工资率和其他福利差异的个人特征有着不完美的知识。因此，一次性总付或第一级最优征税的一个悖论性含义显然没有被注意到。这个悖论的含义是，最优的一次性总付税收会通过效用水平来扭转不同个体的排序。

　　为了说明这一点，假定社会福利函数是可加的，不同个体的效用函数是相同的，并且它们正向地取决于闲暇和一个总消费品。考虑个体 a，其工资率高于个体 b，这两个工资率是简单给定的，或许是由于 a 和 b 的能力差异。同时假定 a 和 b 的收入边际效用递减。由于 a 的工资率高于 b 的工资率，征税前 a 的均衡效用水平也一定高于 b 的均衡效用水平。收入边际效用递减的假定意味着，a 的收入边际效用一定小于 b 的收入边际效用。因此，给定我们关于可加的社会福利函数的假定，最优的一次性总付税将从 a 处拿走收入，并将其分配给 b，直到 a 和 b 的收入边际效用相等为止。现在的问题变成了：当 a 和 b 的收入边际效用相等时，如何比较它们的效用水平？

第四部分
收入不平等和公共部门

在效用水平不变的情况下，工资率的提高对收入边际效用的影响决定了这个问题。这种影响的符号很容易从支出函数中确定，即从获得一个给定效用水平的均衡成本中确定。这一成本正向地取决于工资率。利用支出函数的基本结果，我们可以写出：

$$\partial C(w) / \partial w = l \qquad (1)$$

其中，l 是闲暇的均衡水平。针对效用水平对这个式子进行微分，我们得到：

$$\partial^2 C / \partial w \partial u = \partial l / \partial u > 0 \qquad (2)$$

如果闲暇是一种优等商品，我们可以通过颠倒微分顺序来重写这个交叉导数：

$$\partial^2 C / \partial w \partial u = \partial^2 C / \partial u \partial w = \partial \lambda^* / \partial w > 0 \qquad (3)$$

其中，λ^* 是收入边际效用的逆。因此，在效用水平给定的情况下，工资率的增加会降低收入边际效用。

因此，最优的一次性总付税必须使工资较高者的效用降低到低于工资较低者的效用，从而使不同人的收入边际效用相等。换句话说，最优的一次性总付税必须完全扭转不同个体的效用排序。这种最优税收之前和之后的效用之间的排序相关性将等于-1。

对这一发现的直观解释很简单。与工资较高者相比，工资较低者是更有效率的闲暇消费者，因为当工资较低时，因闲暇而放弃的收入较少。因此，社会可以通过引导低工资者将相对较多的时间花在闲暇上，以及引导高工资者将相对较多的时间花在工作上，来提高时间在市场和闲暇部门之间总分配的效率。将收入从工资较高者那里重新分配，会提高他们的市场活动，降低工资较低者的市场活动。

这一结论适用于任何一种以全收入的工资率为基础的税收。虽然征收所得税的理由通常是无法区分工资率和工作时间，但这似乎并非不可行。目前，许多调查确实将工作时间与收入区分开来，而这种区分的准确性还可以通过进一步的努力来提高。

这一分析可以自动推广到具有给定相对价格的 n 种不同商品，只要这些相对价格不受一次性再分配的影响。然后，希克斯的综合商品定理（Hicks's Composite Good Theorem）意味着，我们可以把所有这些商品合并为一种商品，这样前面的分析就自动适用了。我们还可以将这一分析推广到能力差异上，能力差异不仅会产生工资率的差异，还会产生不同个体为不同商品支付的有效价格的差异。也许有些人的搜寻效率比其他人高，或者家庭生产函数的效率更高。生产某种商品的效率较高从而该商品的有效价格较低的个人，其最初的效用水平就会高于效率较低者。只要商品的收入弹性为正，那么当所有个人的效用水平相同时，效率较高者的收入边际效用就会较低。因此，在这种情况下，一次性总付税也会降低效率较高者的效用水平，降低到低于效率较低者。

我们可以对主要结果做出如下解释。设想工资率部分上是彩票抽奖时运气的不同实现的结果。这种彩票抽奖可能与能力分布有关，也可能与影响市场工资的健康分布有关。现在，让我们把政府的再分配解释为政府为个人提供的保险，使其免受这种彩票抽奖带来的不确定性的影响。上述论证意味着，每个个体事前购买的最优保险将使他们在经历坏运气——较低的工资率——的状态时，效用水平高于在经历好运气这种状态时的效用水平。当然，事后，运气好的个人会希望自己没有参加这种保险安排，因为他们最终的效用会低于运气不好的个人。但是，事前和事后态度的这种差异对于所有类型的保险安排都是一样的。

有些人可能想把使受助人比有生产力的个人过得更好的福利项目解释为这一定理的应用。然而，随后的"不可能定理"（impossibility theorem）使得这种对实际再分配的解释变得不可信。

假定不可能使用一次性的转移，只能使用所得税和商品消费税。让这些税尽可能地非线性和复杂。唯一的限制是，收入或消费相同的个人必须支付相同的所得税或消费税。

我想问的问题是：一个复杂的所得税和消费税制度，即一个复杂的"第二级"税收制度，能否重现第一级结果 ①？每种消费税或所得税都会带来扭曲，但一种税带来的扭曲可能会抵消另一种税带来的扭曲，这样，综合税制就不会有扭曲，就像第一级税制一样。众所周知，在简单的一般均衡模型中，所有行业的垄断

---

① 税收文献中区分两种程度的最优，分别是第一级最优（the first-best optimal）和第二级最优（the second-best optimal）。——译者注

可能与所有行业的竞争一样有效，即使任何单一垄断都会带来扭曲。也许对一种与闲暇互补的商品消费征税，可以正好抵消所得税对闲暇消费的影响。

如果所有的人都对称地进入社会福利函数，那么我们的基本定理表明，即使是最复杂的收入和消费税收制度，也无法再现一次性总付税和补贴的第一级均衡。回想一下，我们的第一级均衡逆转了征税之前和之后的个人效用排序。现在考虑一个高工资率的个人。高工资率者可以确保他们与低工资率者拥有相同收入和所有商品的相同消费。因此，他们将支付同等数额的所得税和消费税。但是，高工资率者只有在工作较少时间和消费更多闲暇的情况下，才能拥有与其他人相同的收入。只要闲暇的边际效用为正，他们最终的税后效用就一定大于低工资者。由于我们已经表明，第一级方案要求高工资者最终获得的效用水平低于低工资者，因此，所得税和商品税不能再现第一级结果。

第五部分

家庭与经济

导言

家庭值得经济学家研究

如今，人力资本是如此毫无争议，以至于可能很难理解 20 世纪 50 年代和 60 年代人们对这一术语所采用的方法的敌意。人力资本的概念本身就被认为是一种贬低人类的说法，因为它把人当成了机器。将教育视为一种投资而非文化体验，被认为是不近人情和极端狭隘的。

——加里·S.贝克尔，诺贝尔奖演讲，1992 年

这本《家庭论》（*A Treatise on the Family*）的增订版旨在进一步说明，家庭行为的理性选择解释不仅对经济学家大有裨益，而且对研究家庭的许多其他学科的研究人员也大有裨益。家庭值得学者和普通人的高度关注，因为尽管随着时间的推移发生了重大变化，不同社会和经济环境之间也有巨大差异，但家庭仍然是所有组织中最具影响力的。

——加里·S.贝克尔，《家庭论》，1991 年

第五部分
家庭与经济

贝克尔经济学的基石是人力资本、家庭与时间分配以及偏好形成。在本部分的文章中，它们被结合在一起，以理解现代经济中家庭组织的突变。

这些文章是贝克尔 1999 年在马德里举行的 "家庭的经济维度" 会议上发表的演讲。贝克尔在其职业生涯很早期的时候，即 20 世纪 50 年代末期，从《生育的经济分析》开始，就运用经济分析来思考家庭。这是贝克尔为了理解家庭组织及其与市场和非市场力量相互作用而长期探索的开端。

在家庭经济学的发展中，贝克尔将经济分析应用于婚姻、离婚、利他主义、家庭成员间的关系以及父母对子女的投资。他的研究方法极具争议且雄心壮志，值得回顾一下当时的经济学家们的观点。针对他的《家庭论》的一篇评论写道："读者会在这本书中发现很多有趣的东西，也会发现很多令人讨厌的东西……尽管有许多愚蠢之处，但这本书还是会让人思考。其主题的规模和重要性使它成为一项勇敢的事业。"《经济学期刊》上的一篇评论对贝克尔的家庭研究方法不太乐观："虽然经济学家们乐此不疲地提出行为假定，使经济难题……在受约束的最大化框架内得以描述，但整个职业界从未完全赞同芝加哥学派所热衷的将选择理论框架应用于教堂出席、约会、配偶选择和子女教育。"

舍温·罗森强调，贝克尔与经济学界的权威思想背道而驰，总是选择研究那些被认为是现代经济学界限之外的难题。然而，他的工作与过去许多伟大的经济学家有着密切的联系，现在他发

家庭经济学

明和发展的许多概念在现代经济学中被广泛使用，即使不是惯例使用。贝克尔研究家庭难题的新方法很快就发展成为经济学的一个领域和专业。

在下面的讲义文章中，贝克尔运用经济分析来理解 20 世纪下半叶中家庭组织和"家庭价值观"的变化。重点是，机会在决定子女数量、伴侣选择以及人们生活中其他基本决策中的作用。根据贝克尔对家庭这一经济单元的分析，即使是忠诚和爱情也会对物质和非物质的成本和收益做出反应，并可能受到社会福利项目的不利影响。分析表明将个人和家庭行为纳入市场框架的重要性，在市场框架中，不同的参与者相互作用，而不是只关注个人行为。

第十四章
经济学和家庭

为家庭的经济维度会议准备，马德里，1999 年 9 月 21 日

1. 引言

　　家庭是所有社会中最重要的机构之一：它养育年轻人，向下一代灌输价值观，生产食物、衣服等，在紧急情况下提供帮助，并照顾老人。这些贡献是如此基本，以至于一些学者推测，人类在几千年前取得的显著进步可能是由于发展了父—母—子女型的家庭组织。

　　当然，几百年来，家庭并非一成不变。今天的典型家庭在许多方面都与几个世纪前大不相同。在欧洲和北美，这种变化一度很缓慢。但在 20 世纪，尤其是在过去的 40 年里，变化加快了。事实上，过去 40 年的变化比现代史上任何可比时期都更具革命性。让我举几个突出的例子。

A. 出生率

　　在 19 世纪，在美国和欧洲大部分地区，典型的家庭也要生育 4 到 6 个孩子。而生育率在整个 20 世纪都在下降，以至于现

在许多国家和地区的生育率太低，不足以更替人口。

　　一些极端情况：

　　意大利——曾有高生育率，现在生育率为 1.3

　　西班牙——曾有高生育率，现在生育率为 1.3

　　德国生育率为 1.4

　　波兰生育率为 1.8

　　美国生育率为 1.9

　　亚洲也是如此：

　　中国香港生育率为 1.6

　　韩国生育率为 1.6

　　中国台湾生育率为 1.6

　　随着出生率下降，未婚女性生育的占比也在上升。

B. 女性劳动参与

　　在 20 世纪初，许多农场女性在农场工作，城市女性有时在家里从事有报酬的工作，但加入劳动力市场的女性相对较少。现在，即使是已婚女性的劳动参与率也相当高：

　　瑞典已婚女性劳动参与率为 80%

　　美国已婚女性劳动参与率为 65%~70%

C. 老年

　　60 岁以上人口的占比一直在快速增长，并将继续增长，原因有两个：生育率低且不断下降，老年死亡率下降。

D. 离婚和分居

在 20 世纪 60 年代之前，离婚和分居在西方国家并不重要，尽管许多夫妇甚至在过去就已停止同居并分居。但是，自 60 年代初以来的变化形构成了家庭生活模式的一场革命。如今，在美国、瑞典、英国和俄罗斯，近 40% 的第一次婚姻以离婚告终，在其他国家中，即使不离婚，婚姻破裂的比例也很高。

2. 为什么会发生这些变化

为了理解为什么家庭发生了如此大的变化，以及回归旧式家庭结构的可行性，有必要了解是什么决定了家庭结构，以及这些决定因素是如何变化的。我将考虑家庭作为一个经济单元的 4 个或 5 个重要方面，广义上的经济单元超越了家庭生活的物质方面。经济是指提供各种有用的功能，无论是否是物质性的。

A. 子女

在过去父母生很多孩子有几个相当实际的原因。

a. 高的婴儿死亡率——新生儿死亡率为 25%~50%——可能只有三四个能活下来。

b. 儿童，尤其是农场的儿童，可以很早就开始工作，到 12

岁时就能为维持生计做出显著贡献。亚当·斯密关于有 3 个儿子的寡妇的研究。在城市地区，子女们 12 岁就外出工作，为家庭收入做出了显著贡献。因此，子女是宝贵的资产。

c. 老年支持：成年子女帮助支持没有太多积蓄的年迈父母。子女的养老动机对寡妇尤为重要，她们可能没有资产，也没有其他人可以求助。

B. 性别劳动分工

传统上，男性和女性的角色截然不同：女性既要抚养子女，也要生育子女。由于生育过多，抚养子女占据了母亲 30 年左右的大部分时间，或者说占据了其成年期的大部分时间。女性还做饭、做家务、帮助农活或做生意。相比之下，男人很少抚养子女。他们主要花时间在农场或城市工作，赚取工资以支付家庭开支。我认为，这些时期劳动分工的主要原因是，女性在照顾子女方面更胜一筹，而孩子又多，这就占用了她们的大部分时间。

女权主义者不喜欢这种解释。但这并不意味着家庭中的权力是平等分享的。男人往往拥有大部分权力，妻子的生活甚至比丈夫的生活更困难。但权力的分配与劳动分工的来源不同，后者与不同角色的效率有关。

C. 保险

家庭是帮助人们应对疾病或经济衰退导致的紧急情况的一种主

要组织：家庭成员之间互相照顾，在需要时互相赠予或借贷。

D. 老年

家庭是社会保障的主要来源：年长的父母通常与儿子或女儿住在一起，子女通常支持健康状况不佳或资源匮乏的年迈父母。大量子女的存在提高了获得这种支持的可能性，尽管很多时候教会由于子女不能或不愿支持老人而帮助老人。

我认为，把家庭作为经济单元来看待，就有可能解释过去40年中家庭组织中绝大部分的剧烈变化。这是因为，以前的决策和安排所带来的收益和成本、物质和非物质利益和成本都发生了重要的变化。让我依次谈谈其中的一些巨变，看看我们如何能够解释它们。

3. 生育

不难理解为什么现在父母希望少生孩子。这并不是说父母对子女的爱比过去少了，而是：

a. 儿童死亡人数减少，不需要生那么多孩子就能有两三个存活下来。

b. 在现代农业的农场或工业中，儿童的作用比过去小得多，因为生产更基于技能，更不依赖于原始劳动。

c. 老年支持，社会保障由政府接管，因此与过去相比，更少需要子女来帮助老人。

　　d. 人力资本更加重要。

　　因此，现在父母希望少要孩子也就不足为奇了。相反，他们会在每个孩子的健康、教育和培训方面大量投资，以便他们能更好地适应现代经济。

4. 女性角色

　　与此同时，经济的各种变化促使更多的已婚女性进入劳动力市场，同时她们将孩子带出家庭。力量和体力技能的重要性下降，服务业和政府部门的增长创造了比过去的装配工作更适合女性的工作。女性教育程度的提高增强了进入劳动力市场的吸引力。她们获得了培训和技能，使她们成为现代经济中有价值的劳动者。

　　我刚才谈到的减少子女数量的力量，也使她们有更多的时间从事家庭以外的工作。当然，同样的道理，女性劳动参与的提高进一步降低了她们对多生孩子的兴趣，因为这提高了生孩子的成本。

5. 离婚

　　增长的女性劳动参与和较低的生育率也促进了婚姻破裂，这是现代家庭变化中更为麻烦的一个方面。女性可以更容易地考虑分开,因为她们在经济上更加独立,需要照顾的孩子更少。结果之一就是女户主家庭的数量大幅增加。另一个结果是未婚女性在没有结婚的情况下生育子女的数量增加。

6.家庭保险和老年支持

由于市场和政府替代品的增加,家庭在抵御危机方面的贡献大大减少。

关于政府,我稍后再谈。但市场变化很重要。

人寿保险和医疗保险有助于在死亡或患重病时为配偶和子女提供保障。

有更多的机会储蓄,以便在紧急情况下使用资产。

养老金计划有助于为老年人提供支持。

这些都减少了对父母、子女和其他亲属的依赖。

7.支持

子女作为年迈父母的赡养人的重要性降低。养老金和储蓄为老年人提供了更多可利用的资源。最重要的是社会保障。年轻一代赡养老年一代,所以老年人就不那么需要来自子女的帮助了。

由于家庭成员的彼此需要减少,家庭成员之间的距离疏远。

父母往往与子女分开居住，与子女见面的时间也变少了。母亲花在子女身上的时间更少了。丈夫和妻子的关系也不那么稳定。这一切的结果是家庭成员之间关系的恶化——忠诚和爱减少了，对"家庭价值观"的投资减少了，持久性降低，家庭部分"破裂"。

8. 逆转

可以逆转家庭的这些变化吗？特别是，可以预防许多家庭的社会病态吗？这是一个具有挑战性的最重要问题。但答案是复杂的。

如果说这些变化是对现代经济基本趋势的反应，那么家庭的变化就无法轻易地从根本上改变。例如，鉴于我所提到的各种力量，我们不能期望家庭比过去更小的总趋势会发生逆转。父母不可避免地希望拥有相对较少的训练有素、健康和受过良好教育的子女。同样，已婚女性的大量劳动参与的现象也不可能急剧减少，因为孩子少的女性会有很多空闲时间，而受过教育的女性不可避免地希望利用其中的一些时间，在需要她们技能的经济中工作。

我所考虑的大多数其他变化也是如此。但是，家庭之所以发生变化，也是由于现代福利国家创造的人为的诱因，可以在不损害现代经济和社会生活的情况下改变这些诱因。事实上，我相信各种改变都会带来巨大的好处。

第五部分
家庭与经济

在某些方面，福利国家通过让政府负责处理那些以前属于家庭责任的情况，已经"将家庭国有化"。让我举几个例子：

a. 美国、英国、瑞典和许多其他西方国家为未婚母亲提供收入。这种支付批准了这种行为，从而也鼓励了未婚男女生育更多的孩子。这种福利制度破坏了基本的家庭价值观，也伤害了相关儿童。它应该而且能够得到彻底改革。

b. 西方国家实行"现收现付"的社会保障制度，向年轻人征税以支持老人。一个更好的制度，在智利、阿根廷、秘鲁、新加坡和其他几个国家中应用，是让每个在职人员在个人退休账户中为老年生活储蓄，以便在年老时使用。由于这些账户是退休账户，因此受老年人口增长和年轻人口下降的影响较小，而这正是西欧现行社会保障制度面临的人口难题。

此外，现行制度还鼓励父母少生孩子，因为老人是由基金供养的，即要求除贫困者外的个人要对自己的老年生活负责，这种影响将被消除。

c. 最困难的问题是关于儿童保育设施、有孩子的母亲的假期等方面的公共政策。一方面，如果政府在这些方面提供大量补贴，就会鼓励更多的女性去工作，她们照顾自己孩子的时间就会减少——部分原因是职业女性会照顾其他职业女性的孩子。这不太可能有助于加强家庭联系。

但另一方面，如果我们没有这些保育设施、假期等，更多的孩子可能会被在工作、无法为照料孩子提供足够安排的母亲忽视。

对于这个社会困境，我没有答案，但经济观点有助于更仔细地阐明这些问题。

d. 离婚：鼓励有原因的离婚，对女性尤其不利。

婚约：在没有正式结婚之前，来得容易，去得也容易。

e. 糟糕的公立学校，尤其是来自较穷的破碎家庭的孩子，更容易去上这种学校。

9. 结论

家庭发生了巨大变化，且被削弱了。

许多变化是对变化的环境的理性回应；有些则是对不良政策的回应。

尽管发生了这些变化，家庭对于经济和社会的良好运转仍然至关重要。事实上，亚洲国家既有快速的经济增长，又有充满活力和力量的家庭，这绝非偶然。现代经济中家庭责任的例子包括：父母通过决定生多少孩子对人口增长产生主要影响。更快速的人口增长对经济的负面影响被过分夸大，而积极影响却没有得到足够的重视。

家庭对其子女的人力资本的许多投资负有责任，人力资本指人的知识、技能和健康。由于人力资本对现代经济的更快速增长至关重要，因此家庭的这一作用尤为重要。人力资本的重要性将人而不是机器置于经济进步的中心。

家庭还对人口的态度和价值观的形成做出了重要贡献。对诚实、责任、努力工作和自力更生的态度不仅决定了经济生活的质量，也决定了社会和政治行为。

对于生病、失业或体弱多病的家庭成员，家庭仍然会提供很多支持。换句话说，家庭继续帮助成员抵御生活中的许多不确定性和危险。

现代许多家庭状况恶化，令人担忧的主要原因是，混乱的家庭通常不能很好地履行这些有价值的职能。离异的父母和未婚的青少年母亲很难充分关注孩子的成长。离异父母之间经常因监护权和经济支持问题发生冲突，这为孩子的成长和发展提供了不利的环境。

这些是可以通过经济分析来进行有益讨论的有关家庭的重要问题。

加里·S.贝克尔学术生涯年表

1930年：12月2日出生于宾夕法尼亚州波茨维尔。

1935年：与家人搬到纽约市布鲁克林区。他的姐姐纳塔莉·贝克尔（Natalie Becker）回忆说："我们都被要求努力学习，集中精力，未雨绸缪，独立思考，不随波逐流，像他们说的那样动脑筋。加里热衷于巨人队，热衷于乒乓球、棍球、手球、数学题，热衷于力量、竞争、林戈莱维奥（ringolevio，一种游戏），而不是热衷于宗教、政治、艺术和诗歌。"

1948年：贝克尔毕业于詹姆斯·麦迪逊高中（James Madison High School），新凯恩斯主义经济学家罗伯特·索洛（Robert Solow）（1987年诺贝尔经济学奖得主）在一些年前也毕业于该校。

"我们在家里就政治和正义进行了许多热烈的讨论。我相信这确实有助于解释为什么在我高中毕业时，我对数学的兴趣开始与我想为社会做些有益事情的愿望相竞争。"（Becker，1993）

1950年：当选美国大学优等生荣誉学会（Phi Beta Kappa）[①]

---

① 优等生荣誉学会是由美国大学推选出的优秀大学生组成的全国性组织。——译者注

普林斯顿大学分会会员。

1951 年：以最优等（summa cum laude）成绩完成普林斯顿大学数学本科学业。他在自传中回忆说，他"偶然地上了一门经济学课程"并且"被处理社会组织的学科的数学缜密性深深地吸引"。他是雅各布·瓦伊纳和奥斯卡·摩根斯特恩（Oskar Morgenstern）的学生，与研究生约翰·纳什（John Nash，1994 年诺贝尔经济学奖得主）、劳埃德·沙普利（Lloyd Shapley，2012 年诺贝尔经济学奖得主）和马丁·舒比克（Martin Shubik）同时代。著名数学家约翰·米尔诺（John Milnor，1962 年菲尔兹奖章得主）是他在普林斯顿大学的室友。他的毕业论文是关于国际贸易的。他还与威廉·鲍莫尔（William Baumol）共同撰写了一篇关于货币理论的文章。雅各布·瓦伊纳在给芝加哥大学的推荐信中写道："贝克尔是我带过的最好的学生。"

贝克尔在芝加哥大学开始攻读博士学位。他上了米尔顿·弗里德曼（1976 年诺贝尔经济学奖得主）著名的两个季度的价格理论研究生课程系列。贝克尔回忆道："他以清晰、系统、逻辑一致的方式发展了这一理论。他还给出了大量的例证和应用……这些应用帮助学生吸收了弗里德曼对经济学的观点，即经济学是理解现实世界的工具，而不是聪明学者玩的游戏。"在芝加哥的第一段时期，贝克尔遇见了格雷格·刘易斯、西奥多·舒尔茨（1979 年诺贝尔经济学奖得主）、阿伦·迪雷克托和吉米·萨维奇（Jimmie Savage），并与他们进行了交流。

附录

加里·S. 贝克尔学术生涯年表

1953 年，弗里德曼在一封支持贝克尔获得埃尔哈特基金会奖学金（Earhart Foundation Fellowship）的信中，将他描述为这样的学生："贝克尔具有杰出的分析能力；伟大的独创性；对经济思想史的了解和对其重要性的尊重；对经济与政治问题之间相互关系的真切感受；以及对价格体系的运作及其保护个人自由的重要性的深刻理解。"

1955 年：贝克尔完成了芝加哥大学的经济学博士学位。他的论文题目是《种族歧视的经济学》（*The Economics of Racial Discrimination*）。他的导师团成员包括格雷格·刘易斯（主席）、雅各布·马尔沙克、D. 盖尔·约翰逊（D. Gale Johnson）和威廉·布拉德伯里（William Bradbury，社会学家）。

在 2007 年纪念米尔顿·弗里德曼时，贝克尔还记得撰写论文的最初步骤："我把前五六页的草稿寄给了他（米尔顿·弗里德曼正在访问英国剑桥）……在我得到回复之前的一个多月时间里，我忧心忡忡……终于，我看到了米尔顿·弗里德曼寄来的这个信封，于是我撕开信封，我的沮丧与日俱增，我的心被撕裂了……我在想我得另找一个题目，最后他说'不过这里面有几个不错的想法，我认为值得把它写成论文。'"

"贝克尔变革学科的洞察力在于将种族歧视置于市场的背景下，利用这一框架来分析和识别黑人和白人工资差异的原因。通过这种方式，他能够说明经济学的标准特征，同时将其应用于种族间工资差异为何存在和持续存在的问题。"

家庭经济学

在毕业前一年，即 1954 年，他被任命为芝加哥大学经济系助理教授。

1957 年：贝克尔来到哥伦比亚大学经济系，并加入美国国家经济研究局人类行为和社会制度经济分析中心（the Center for Economic Analysis of Human Behavior and Social Institutions of the National Bureau of Economic Research），担任副研究员。"我觉得，如果离开巢穴，独自闯荡，我会在智力上变得更加独立。"

他的著作《歧视经济学》（*The Economics of Discrimination*）第一版出版。阿门·A. 阿尔奇安（Armen A. Alchian）在对该书的评论中称："说这是关于歧视表现形式的最好的一本书，并不是什么恭维话，因为别的作品做得太少了。但是，贝克尔在一个相对来说尚未被探索但却非常重要的领域写出了如此精湛的分析，这是值得称赞的。读者会对歧视有更丰富的理解。此外，根据本评论员的经验判断，许多先入之见和错误也将被消除。"

在哥伦比亚大学教学期间，贝克尔在家庭生育、人力资本、时间分配和家庭生产理论、非理性行为以及"犯罪与惩罚"经济学等方面都有重要研究。他对犯罪经济学的思考始于他决定在哥伦比亚大学外的街道上违章停车，因为预期的停车罚金很低，而且准时到达学生考试地点也很有价值。

在哥伦比亚大学，贝克尔教《价格理论》和《人力资本》课程，其教学材料中包括他尚未发表的有关该主题的手稿。关于贝克尔的价格理论课程，威廉·兰德斯（William Landes）回忆道：

加里·S.贝克尔学术生涯年表

"在法学院任职20多年后，我仍然对贝克尔的教学风格（即使在经济系也不常见）与一般法学院教授的教学风格之间的差异印象深刻。与法学课堂一样，贝克尔也会召集那些并非自愿的学生。但贝克尔会和学生一起研究几分钟，直到（但愿）他得到正确答案为止……在口试前的三四个月里，我是一小群学生（我们自称为'贝克尔轰炸机'）中的一员，我们定期聚会，复习贝克尔以前考试的题目和米尔顿·弗里德曼平装教科书中的问题。通过这些材料的学习，我清楚地认识到了，懂得经济学和像经济学家一样思考之间有区别。前者来自掌握研究生教科书和专业期刊论文中的经济学语言和形式原则，而后者则是在不同的复杂程度上运用这些工具来解决难题。"

艾萨克–埃利希回忆道："无论是作为学生还是后来作为助教，参加他的价格理论课程都是我作为学生所经历过的智力上最紧张的学习经历。当时的教材还是米尔顿·弗里德曼的《价格理论：试用课本》（*Price Theory: A Provisional Text*），但内容却是典型的贝克尔式风格。我们时刻保持警惕，部分原因是他根据自己的《非理性行为与经济理论》、他的时间分配理论以及他在人力资本投资方面的研究成果编织了一些富有启发性的材料——这些都是课本上没有的——但也因为他在讲课过程中出其不意地叫学生回答有关他所教材料的问题——这可能是他在芝加哥读书时掌握的技巧。"

1958年：贝克尔在《法律与经济学期刊》（*Journal of Law*

and Economics）创刊号上发表《竞争与民主》一文。虽然贝克尔对编辑阿伦·迪雷克托没有将校样寄给他审阅的疏忽表示遗憾，但这篇文章的发表开启了他将经济分析应用于政治学的终身兴趣。他在 1976 年对萨姆·佩尔兹曼（Sam Peltzman）文章的评论中，尤其是在 20 世纪 80 年代的压力集团模型中，再次回到了这个话题。

20 世纪 50 年代末，贝克尔在美国国家经济研究局"发达国家的人口与经济变化"会议上呈现了他关于生育的早期论文《生育的经济学分析》（*An Economic Analysis of Ferility*）。哈佛大学的詹姆斯·S. 杜森伯里（James S. Duesenberry）在评论这篇论文时首先说道："多年来，经济学家一直把人口增长率和家庭规模的变化作为有助于解释各种经济现象的数据，但这些本身却无法用经济理论来解释。贝克尔为我们提供了一项真正的服务，他将经济分析再次关联到这一难题中。"随后，杜森伯里提出了一些反对意见，贝克尔多年后才解决："在他与刘易斯的合作中，在他关于社会互动的个人研究中，以及在他与巴罗（Barro）的合作中，他完善并调整了关于生育的研究。在后来与墨菲的合作中，他重新表述，使其更加严谨，并在大约四五十年后回应了杜森伯里。最终形成了与凯文·墨菲合作的著作《社会经济学》（*Social Economics*）。"

1960 年：现代劳动经济学和人力资本领域发展的另一位先驱雅各布·明瑟回到哥伦比亚大学担任副教授。

附录

加里·S.贝克尔学术生涯年表

虽然我们在一起写作的时间不多，但思想上的合作和互动是持续不断的，因此很难知道他（明瑟）的贡献是什么，我的贡献又是什么。我们共同进行了一次探索，一次思想冒险，这把我们带到了许多领域。我们共同完成了大量工作，这比我们可能已经共同写出的作品重要得多。

这种思想合作促成了一个伟大的研讨会——哥伦比亚大学劳动经济学研讨会。有几个因素促进了它的成功。首先，它不断吸收一流的学生。归根结底，学生的素质决定了研讨会的成败，我认为我们的学生是研讨会取得成功的头号功臣。他们勤奋、能干，对这一主题极感兴趣，并愿意接受对他们工作的批评。

……研讨会主要由学生介绍他们的研究进展——我们一直努力把我们的学生放在首位。邀请其他地方的知名教师做演讲往往是一种诱惑，因为他们能吸引更多听众。然而，研讨会的目的是培训学生。

1964年：《人力资本》一书的第一版出版。贝克尔在序言中指出，"这项研究的起源既可以追溯到在考虑了物质资本和劳动的增长之后美国收入仍有大幅增长的发现，也可以追溯到一些经济学家对教育在促进经济发展方面重要性的强调"。该书获得了著名的沃伊廷斯基奖（Woytinsky Prize）。

罗伯特·索洛（1965）在书评中开宗明义地指出："本书的核心是对被视为投资的大学和高中教育的内部收益率的估算。这是一个时下'流行'的问题；但它也是一个真实而重要的问题，其

185

意义将超越一时的时尚。贝克尔教授花费了大量的技巧和智慧来寻找答案。很难相信其他人能从现有的数据中挤出更多或非常不同的东西。如果能找到更好的答案，它可能必须来自新的信息。"

关于《人力资本》，舍温·罗森（1993）如是说："人力资本的概念虽然并不总是以这个名字为人所知，但在经济学中却有着悠久的思想史，像斯密和马歇尔这样过去伟大的经济学家曾讨论过；以及现代杰出的经济学家，如米尔顿·弗里德曼和西奥多·舒尔茨也讨论过。然而，除了贝克尔外，还没有人将这些观点发展成如此连贯一致且在经验方面富有成效的理论。他关于人力资本的文章，在他的著作和演讲中得到了进一步阐述，构建了已经被证明是非常有用和广泛的理论的基础。这项工作催生了大量的研究，并在很大程度上影响了其他人的工作。"

1965 年：国家教育科学院（National Academy of Education）创始成员和副院长。当选为美国统计学联合会会士（Fellow of the American Statistical Association）。

发表《时间分配理论》。贝克尔在这篇文章的引言中说："在过去的几年里，我们哥伦比亚大学的一群人一直致力于将时间成本系统地引入非工作活动的决策中，也许最初是独立进行的，但后来越来越不是这样了。J. 明瑟用几个经验的例子说明了在忽略时间成本的情况下，对不同商品的需求收入弹性的估计是如何出现偏差的；J. 欧文（J. Owen）分析了闲暇需求是如何受到影响的；E. 迪安（E. Dean）考虑了一些非洲经济体中自给自足工作和市场参与之间的时间分配问题；而如前所述，我一直在关注教育、培训和其他类型的人力资本中的时间使用问题。在此，我试图对所有其他非工作活动中的时间分配问题发展出一种一般性的处理。虽然本文仅以我的名义发表，但它的许多功劳应属于明瑟、欧文、迪安以及哥伦比亚大学劳动研讨会的其他过去和现在的参与者所给予的刺激。"

1967年：约翰·贝茨·克拉克奖章由美国经济学联合会授予贝克尔。颁奖词如下："加里·S.贝克尔的灵活性和想象力扩大了我们这门科学的领域和力量。在他的巧手下，经济分析阐明了在社会中人类行为的基本方面：投资对提高生产能力的重要性、时间分配、成员增长、犯罪和惩罚、种族偏见。在他的整个工作中，他表现出了严谨性和现实性的罕见结合。满怀期待和感激之情，联合会将约翰·贝茨·克拉克奖章授予加里·S.贝克尔。"他当选为计量经济学会会士。

1968年：贝克尔被任命为哥伦比亚大学阿瑟·莱曼经济学教授。

1968年至1971年：担任《美国经济评论》编辑委员会成员。

20世纪70年代，他将大部分精力投入婚姻理论和家庭经济学的发展研究中。舍温·罗森和贝克尔共同领导经济学应用研讨会（Applications of Economics Workshop）。贝克尔一直领导和组织该研讨会，直到生命的最后一天。在贝克尔去世后的第一次研讨会上，哈佛大学的罗伯特·巴罗（Robert Barro）展示了

《环境保护、异常灾害和贴现率》（*Protection of the Environment, Unusual Disasters and Discount Rates*）。

1969 年至 1970 年：贝克尔是芝加哥大学福特基金会经济学客座教授，1970 年 7 月 1 日加入芝加哥大学经济系担任大学教授。之后在 1983 年，他还加入了社会学系和商学研究生院。

贝克尔获得芝加哥大学校友会颁发的职业成就奖，该奖项表彰那些在其职业领域取得成就，为自己带来荣誉、为学校带来荣誉、为公民同胞带来实实在在利益的校友。

1971 年：根据他在哥伦比亚大学的价格理论课程编写的《经济理论》一书出版。该书是他的学生迈克尔·格罗斯曼（Michael Grossman）和罗伯特·迈克尔（Robert Michael）根据他在哥伦比亚大学的课堂录音磁带转录而成。教科书包括他在课堂上提出的著名的"为什么？"（*Why?*）。"学习经济理论最有效的方法是解决许多可以检验自己理解情况的难题。为此，我在授课过程中鼓励讨论，包括讨论我在课堂上提出的问题。其中许多问题通常以为什么的形式出现在一句话之后，在讲授新材料之前，学生应认真尝试回答这些问题。"当学生试图用"我不知道"来回避问题时，贝克尔会说"我会帮你的"。

1971 年至 1975 年，贝克尔担任芝加哥大学出版社的出版委员会成员。

1972 年：当选为美国艺术与科学院院士（Fellow of the American Academy of Arts and Sciences）。

附录

加里 · S. 贝克尔学术生涯年表

1973 年：贝克尔加入胡佛研究所国内顾问委员会（Domestic Advisory Board at the Hoover Institution）。米尔顿 · 弗里德曼、乔治 · 施蒂格勒（1982 年诺贝尔经济学奖得主）和詹姆斯 · 布坎南（1986 年诺贝尔经济学奖得主）也是该委员会成员。

获得芝加哥大学经济学特级教授职衔。

举办伍德沃德苑讲座（Woodward Court Lecture）"经济学家看犯罪与惩罚"（An Economist Looks at Crime and Punishment）。这个讲座系列在学生宿舍楼伍德沃德苑举办，由学院里的数学家、当时的住校硕士生艾萨克 · 沃瑟普（Izaak Wirszup）赞助。

1974 年：与威廉 · 兰德斯编辑出版《犯罪与惩罚经济学论文集》（*Essays in the Economics of Crime and Punishment*）。

社会学家詹姆斯 · S. 科尔曼（James S. Coleman）解释说："当（贝克尔）在他的《犯罪与惩罚：经济分析法》中问道：'有多少犯罪应该被允许，有多少犯罪应该不受惩罚？'时，他为犯罪学提出了一个全新问题。在此之前，犯罪学家（以及更普遍的社会学家）通常用道德术语来回答'应该'这个问题。从那种规范性的观点来看，原则上不应该允许任何犯罪，原则上所有犯罪者都应该受到惩罚。但贝克尔完全从实证社会科学的角度提出了这个问题，这是任何经济学家都熟悉的一个角度：在法律执行中，怎样的资源支出能最大限度地减少因犯罪而造成的社会损失？在贝克尔的表述中，这些损失不仅包括犯罪造成的损害，还包括对罪犯进行逮捕和定罪的成本，以及惩罚的社会成本。"

189

家庭经济学

贝克尔担任美国经济学联合会副会长，来自明尼苏达州的沃尔特·W. 赫勒（Walter W. Heller）担任会长。

1975 年：贝克尔和吉尔伯特·盖兹（Gilbert Ghez）出版了《生命周期中的时间和商品分配》（*The Allocation of Time and Goods Over the Life Cycle*）一书。他还当选为美国国家科学院院士，并出版了《人力资本》第二版。

1976 年：贝克尔出版《人类行为的经济分析》。该书是贝克尔的经济分析的宣言，这一点表现在他将经济分析应用于歧视、犯罪、政治、时间和家庭生产、非理性行为、婚姻、生育、家庭和社会互动等方面，这种应用具有争议性和开创性。

他还编辑了《纪念 H. 格雷格·刘易斯的劳动经济学论文集》（*Essays in Labor Economics in Honor of H. Gregg Lewis*），作为《政治经济学期刊》（*Journal of Political Economy*）的特别增刊出版。

1977 年：经济系、法学院和商学院的职工成立了经济与国家研究中心［Center for the Study of the Economy and the State，现为施蒂格勒中心（Stigler Center）］，这是一个旨在研究公共管制对经济的长期影响的跨学科研究机构。乔治·施蒂格勒担任中心主任，其他成员包括经济系的加里·贝克尔和米尔顿·弗里德曼、商学院的萨姆·佩尔兹曼和彼得·帕希詹（Peter Pashigian）、法学院的威廉·兰德斯、理查德·波斯纳和肯尼思·达姆（Kenneth Dam）。

1980 年：贝克尔成为全国民意研究中心经济研究部（Economics

附录
加里·S.贝克尔学术生涯年表

Research Center，NORC）的研究员（research associate）。

20世纪80年代初，在芝加哥大学教《价格理论》研究生课程时，贝克尔遇到了当时是学生的凯文·M.墨菲（1997年克拉克奖章获得者）。从此，两人开始了持续多年的深厚友谊与合作。贝克尔和墨菲在成瘾、广告、社会资本的形成及其对市场行为的影响、生育率和人力资本投资以及经济发展之间的关系、非法商品的经济学以及其他经济学家大多未曾探讨过的难题等方面共同完成了重要的工作。这些项目反映了他们对价格理论的重要更新，更加仔细地研究了互补性的经济学。

墨菲（2015）在《作为教师的加里·贝克尔》（*Gary Becker as a Teacher*）中解释道：

要成为一名好老师，就必须了解一门学科及其所有的微妙之处。贝克尔是一位出色的老师，因为他是世界上最了解经济学的人之一。我和贝克尔一起执教超过15年。我们在芝加哥大学为博士生讲授价格理论入门课程，并与爱德华·斯奈德（Edward Snyder）一起为MBA学生讲授公共政策课程长达约10年。与贝克尔一起教学非常有趣。他热爱经济学，并乐于将对这个学科的热爱传递给学生。加里会给任何愿意听课的人讲授经济学，他甚至会尝试教那些拒绝听课的人。他班上的学生别无选择，只能听课——他们时刻生活在害怕之中，生怕听到自己的名字出现在下一句可怕的短语中："史密斯先生、琼斯夫人或墨菲先生，你们怎么看？"

家庭经济学

贝克尔的课程内容丰富，风格多样，但其中最突出的是他对偏好的作用的看法和讨论。在很多方面，贝克尔对偏好都是爱恨交加。偏好在他的许多工作中扮演着核心角色。在贝克尔的世界里，偏好是复杂的；人们关心许多事情。他们爱、恨、变得嫉妒、渴望地位。他们希望与某些人交往，而不与其他人交往。他们会上瘾。他们试图改掉坏习惯，努力避免自己的缺点。扩大人们的关注点是贝克尔开展经济学帝国主义运动的重要组成部分，他因该运动而闻名。

1981 年：贝克尔出版《家庭论》。"撰写《家庭论》是我所做过的最具挑战性的持续性的智力努力……试图涵盖这个广泛的主题，需要我在 6 年多的时间里，在白天和晚上都投入大量的心血，这让我在智力和情感上都感到疲惫不堪。伯特兰·罗素（Bertrand Russell）在自传中说，撰写《数学原理》（*Principia Mathematica*）耗费了他大量的心力，以至于他再也不适合从事真正艰苦的智力工作了。在完成《家庭论》之后，我花了大约 2 年时间才恢复了我的智力热情。"

社会学家阿瑟·L. 斯廷奇库姆（Arthur L. Stinchcombe）的一篇评论开宗明义地指出：社会学家必须以一种特殊的心情来阅读这本书，因为按照社会学的标准，这本书的推理风格令人震惊。我相信《家庭论》中的许多观点将被证明对家庭社会学有价值，因此我将努力使那些潜在的社会学读者更加坚定，否则他们会被逼上绝路。

附录

加里·S. 贝克尔学术生涯年表

1982 年：当选国际人口科学研究联盟成员。

乔治·施蒂格勒获得诺贝尔经济学奖。"乔治的主要贡献在于产业组织领域。他对这一领域的贡献是将仔细的理论化和对其理论启发的经验检验结合起来。他的两大贡献是，开创了对信息在决策中的作用进行经济分析的先河，以及对公共政策的起因和影响进行评估的先河。乔治是产业组织领域的领军人物，影响了他所在领域几乎每个经济学家的研究。"贝克尔在会上这样说。

1983 年：芝加哥大学社会学系向他发出联合聘书，他接受了。"它对我的邀请向社会学界发出了一个信号：理性选择方法是一种值得尊敬的理论范式。"（Becker，1993）贝克尔和社会学教授詹姆斯·科尔曼创建了芝加哥大学理性选择研讨会（Seminar on Rational Choice），法官理查德·波斯纳（Judge Richard Posner）后来加入该研讨会并担任共同组织者。研讨会吸引的学者来自经济学、哲学、法学、社会学、心理学等学科——与将理性选择理论应用于社会、经济和政治问题的洞察力和局限性有关的任何学科。

1984 年至 1985 年：贝克尔担任芝加哥大学经济系主任。

1985 年：贝克尔开始为《商业周刊》杂志撰写每月专栏文章，一直持续到 2004 年。专栏文章讨论了如何通过学校代金券提高教育质量和增加低收入家庭的机会、减少犯罪的经济方法等问题。其中许多专栏文章收录在《生活中的经济学：从棒球到平权行动》（ *The Economics of Life: From Baseball to Affirmative Action* ），该书于

1996 年由他与妻子、历史学家吉蒂·纳沙特（Guity Nashat）合作出版。该书的第一部分题为"走出象牙塔的专栏作家"。

贝克尔获得弗兰克·E. 塞德曼政治经济学杰出奖（Frank E. Seidman Distinguished Award in Political Economy），以及耶路撒冷希伯来大学荣誉哲学博士（Doctor Philosophiae Honoris Causa from the Hebrew University of Jerusalem）和位于伊利诺伊州盖尔斯堡的诺克斯学院法学博士称号（Doctor of Laws from Knox College, Galesburg, Illinois）。

1986 年：贝克尔主持美国经济学联合会的年会项目委员会。在组织的 60 场会议中，有 10 场专门讨论经济学与法律、政治、家庭和歧视等其他领域的关系话题。法官理查德·波斯纳发表了关于法律与经济学运动的伊利演讲（Ely Lecture on the Law and Economics Movement）。波斯纳在会议开始时指出："在过去的 30 年中，经济学的范围已经大大扩展，超出了其传统的明确的市场交易领域。今天，关于产权、公司和其他组织、政府和政治、教育、家庭、犯罪和惩罚、人类学、历史、信息、种族和性别歧视……都有了经济学理论。一些经济学家反对全部或（更常见的是）部分扩展。"

贝克尔荣获美国国家卫生研究院颁发的功绩奖（Merit Award from the National Institutes of Health），这是该奖项首次颁发给社会科学界。他当选为美国哲学学会（American Philosophical Society）会士。

附录

加里·S. 贝克尔学术生涯年表

1987 年：贝克尔担任美国经济学联合会会长。他在于芝加哥举行的美国经济学联合会第 100 年会议上发表了关于家庭经济学与宏观行为的会长演讲。贝克尔指出："虽然家庭行为在普通商业周期的产生中可能只起到很小的作用，但它很可能对经济活动的长期周期起着至关重要的作用。"

1988 年：贝克尔获得芝加哥伊利诺伊大学芝加哥分校文学博士学位，并成为美国经济学联合会杰出会士。

1990 年：贝克尔担任朝圣山学社主席至 1992 年。他当选为胡佛研究所罗斯·玛丽和杰克·R. 安德森高级研究员（Rose-Marie and Jack R. Anderson Senior Fellow of the Hoover Institution），并获得纽约州立大学石溪分校（State University of New York at Stony Brook）理学博士头衔。

1991 年：贝克尔出版《家庭论》增订版，其中纳入了家庭组成和结构对不平等和经济增长影响的分析。他获得普林斯顿大学人文学博士头衔（Doctor of Humane Letters）。

1992 年：他被授予诺贝尔经济学奖，"以表彰他将微观经济分析领域扩展到广泛的人类行为和互动，包括非市场行为"。

贝克尔在宴会致辞中说："本奖以可能是最有影响力的方式表彰了所有这样的经济学家，他们忍受着重重障碍、批评甚至嘲笑，研究和分析了比传统经济学更广泛的行为……经济学肯定不会提供浪漫的生活视角。但是，世界上许多地方普遍存在的贫困、苦难和危机，其中许多是不必要的，有力地提醒人们，了解经济和社会规律可以为人类的福祉做出巨大贡献。"

《芝加哥大学杂志》(*University of Chicago Magazine*）在 1992 年 12 月刊中报道了贝克尔打算如何使用该奖的 120 万美元奖金。"'对这个问题的答复是一堂简单的经济学课，'他腼腆地笑着说，'需求总是在扩张，从而抓住新的机遇。'"

作为芝加哥大学百年庆典的一部分，在校友会组织的活动中，贝克尔作为演讲者，与教务长格哈德·加斯珀（Gerhard Gasper）一起，在于西雅图和费城举办的百年论坛（Centennial Forum）上发表了关于《福利国家发生了什么？》(*What's Happened to the Welfare State?*）的演讲。

1993 年:《人力资本》第三版出版，贝克尔在该书中增加了莱尔森演讲（Ryerson Lecture），为一般公众提供了关于人力资本研究领域以及人力资本理论在理解不平等和经济增长方面的一些应用的精彩概要。他获得阿根廷巴勒莫大学荣誉博士头衔和哥伦比亚大学人文学博士头衔。他还是当选为全美商业经济学家联合会（National Association of Business Economists）会士。

在庆祝雨果·F. 索南夏因（Hugo F. Sonnenschein）就任芝加哥大学第十一任校长的研讨会上，贝克尔参加了"利他主义与自我中心主义"（Altruism and Egotism）小组。小组探讨了理性的个人利己假定在多大程度上最能解释人类的社会行为，由法学教授理查德·爱泼斯坦（Richard Epstein）主持。在讨论会中，贝克尔认为，当"理性"被定义为目标导向时，利己和利他主义都与

附录

加里·S. 贝克尔学术生涯年表

理性行为一致。

密歇根大学弗林特分校（University of Michigan–Flint）制作了一套名为"经济学家大师"的交易卡片（trading cards）。这套卡片包括贝克尔和弗里德曼。每张卡片的背面都有关于 29 位学界大师的统计数据，包括推荐读物。弗林特有关部门创作卡片（每套 5 美元）的目的是为资助到芝加哥联邦储备银行（Chicago Federal Reserve Bank）的实地考察。

1994 年：詹姆斯·科尔曼获得社会科学部的首个凤凰奖（Phoenix Award）。贝克尔在颁奖典礼上评论说，科尔曼对社会科学的主要贡献"一直是他的创造力……科尔曼总是提出新的观点和新的视角，然后尝试看看这些观点和视角与数据的结合程度如何。"

1995 年：贝克尔荣获华沙经济学院科学经济学荣誉博士、布拉格经济大学荣誉博士、迈阿密大学工商管理博士、罗切斯特大学理学博士。

1995 年入选"马奎斯名人录，50 位伟大的美国人"（50 Great Americans, Marquis Who's Who）。

1995 年获得洛德基金会奖（Lord Foundation Award）。

胡佛研究所出版《贝克尔精粹》（*The Essence of Becker*）一书，由拉蒙·费布雷罗（Ramon Febrero）和佩德罗·S. 施瓦茨（Pedro S. Schwartz）编辑。贝克尔与弗里德曼、哈耶克和施蒂格勒一起入选胡佛精粹系列（Hoover Essence series）。

家庭经济学

1996 年：出版《偏好的经济分析》一书，其中包括他与乔治·施蒂格勒合作的论文《趣味无可争辩》，他与凯文·墨菲合作的关于理性成瘾和广告的研究，以及他关于习惯、社会规范和流行的形成的研究。

荣获政策研究组织颁发的哈罗德·拉斯韦尔奖（Harold Lasswell Award of the Policy Studies Organization），以表彰他在理解公共政策的实质和过程方面做出的杰出学术贡献。

他还被任命为墨西哥城新人（Gente Nueva, Mexico City）的荣誉会员。

1997 年：贝克尔被任命为梵蒂冈宗座科学院院士（Pontifical Academy of Sciences of the Vatican）。该科学院的学术摘要写着："他是一位细致入微的专家，同时也为自己的学科和思想寻求广泛的受众。贝克尔教授是一位杰出的'专家'，得到了世界经济学者和公共政策专家社群成员的普遍认可和高度评价。"

他获得了美国人口学会颁发的艾琳·B. 托伊伯人口研究杰出奖（Irene B. Taeuber Award in Excellence in Demographic Research of the Population Association of America）。该奖项表彰贝克尔的研究"确定地表明了经济理论与人口学的相关性"。

他还被授予霍夫斯特拉大学人文学博士称号（Doctor of Humane Letters, Hofstra University）。

担任西部经济学联合会（Western Economic Association）会长。

凯文·墨菲荣获克拉克奖章。贝克尔在颁奖仪式上说，墨菲

"不仅在收入不平等研究方面，而且在经济增长的分析、成瘾的经济理论、产业组织和其他领域都做出了重大贡献"。

1999年：贝克尔被艾克斯-马赛大学（University of Aix-Marseilles）授予人文学博士称号。

2000年：贝克尔和凯文·墨菲出版《社会经济学：社会环境中的市场行为》（*Social Economics: Market Behavior in a Social Environment*）。戴维·思罗斯比（David Throsby）在评论中强调："（贝克尔和墨菲）是在经济学中探索拓展理性选择理论边界的先驱……他们不是把人描绘成孤立的个体，而是把人描绘成受社会和文化力量影响的社会成员……这本书标志着在使经济理论更贴近社会现实方面又迈出了一步。"

21世纪初的十年间，贝克尔与凯文·墨菲合作研究非法商品市场；进化、习惯和幸福；家庭教育和消费；收入分配和地位的市场；健康的价值。他还致力于器官移植市场的经济分析。

美国总统比尔·克林顿（Bill Clinton）授予贝克尔国家科学奖，以表彰他"开创了对种族歧视的经济分析，发明了人力资源经济学，在经济人口学和经济犯罪学方面进行了重大的现代创新，并引领了社会力量如何塑造个人经济行为的最新发展"。

贝克尔当选为布宜诺斯艾利斯国家科学院（National Academy of Sciences of Buenos Aires）通讯院士。

2001年：美国成就学院（American Academy of Achievement）

授予贝克尔金盘奖（Golden Plate Award）。芝加哥大学社会科学部授予贝克尔罕见的凤凰奖（Phoenix Prize）。"贝克尔是过去半个世纪里最伟大的社会科学家。"米尔顿·弗里德曼在颁奖典礼上介绍贝克尔时宣称。

2002 年：雅典大学（University of Athens）授予贝克尔荣誉博士，并获得"中心地带奖"（Heartland Prize）。

2003 年：哈佛大学（Harvard University）法学博士，以及哈耶克奖（Hayek Award）。

贝克尔因"开创了将微观经济理论和分析应用于婚姻、生育、教育和人力资本的形成"，而入选美国国家儿童健康与人类发展研究所的荣誉殿堂（National Institute of Child Health and Human Development's Hall of Honor）。

2004 年：贝克尔和雅各布·明瑟获得首届"劳动经济学领域终身贡献职业成就奖"（Career Achievement Award for Lifetime Contributions to the Field of Labor Economics）。贝克尔还获得了意大利总统勋章（Medal of the Italian Presidency）和布达佩斯劳伊克·拉斯洛高级研究院的约翰·冯·诺依曼奖（John von Neumann Award of the Rajk László College for Advanced Studies, Budapest），该奖每年颁发一次，"授予在经济学和其他社会科学领域的杰出学者，其作品在很长一段时间内对学院学生的研究和思想活动产生了重大影响"。

理查德·O. 瑞安（Richard O. Ryan，芝加哥大学布斯商学院 66 届 MBA）在芝加哥大学创立了芝加哥价格理论倡议研究中心（the Initiative on Chicago Price Theory research center），目的是保持和加强芝加哥大学在价格理论方面的领先角色——将理论和数据相结合的经济学研究，从而分析市场和激励机制在解释现代生活几乎所有方面的基本作用。史蒂文·莱维特被任命为主任。莱维特、贝克尔和凯文·墨菲是该倡议的创始成员。2006年，研究中心更名为贝克尔芝加哥价格理论中心（Becker Center on Chicago Price Theory）。

贝克尔发表最后一篇《商业周刊》专栏文章。"加里·S. 贝克尔本周将撰写他的最后一篇《经济观点》专栏文章。我们将深深地想念他。贝克尔是我们这个时代最具独创性的经济学家之一，他深思熟虑、保守的声音在这个充斥着大喊大叫的党派意识形态主义者（partisan ideologues）的时代显得格外突出。这位 1992 年诺贝尔经济学奖得主和芝加哥大学教授始终是一位绅士——但他愿意冒着来自各方的批评，采取不受欢迎的立场。"[《商业周刊》编辑斯蒂芬·B. 谢泼德（Stephen B. Shepard）]

贝克尔和法官理查德·波斯纳一起开始了他们在线的"贝克尔-波斯纳博客"。大部分文章于 2009 年收录在《反常识经济学：从婚姻到恐怖主义的经济洞见》（*Uncommon Sense: Economic Insights, from Marriage to Terrorism*）一书中。

2005 年：一桥大学授予贝克尔名誉博士称号。

2006 年：贝克尔与托马斯·菲利普森（Tomas Philipson）和

罗德里戈·苏亚雷斯（Rodrigo Soares）合作撰写的文章《生命的数量和质量与世界不平等的演变》（*The Quantity and Quality of Life and the Evolution of World Inequality*）荣获 2005 年阿罗健康经济学最佳文章奖（the Arrow Award for Best Article in Health Economics）。他在牛津大学的希克斯讲座（Hicks Lecture）中发表题为《作为人力资本的健康：综合与扩展》（*Health as Human Capital: Synthesis and Extensions*）的演讲。

贝克尔获得芝加哥大学教务长教学奖（Provost's Teaching Award from the University of Chicago）。

由理查德·O. 瑞安创立的芝加哥价格理论倡议研究中心更名为贝克尔芝加哥价格理论中心。在此之际，乔治·J. 施蒂格勒经济学杰出服务教授（George J. Stigler Distinguished Service Professor of Economics）凯文·墨菲，向贝克尔赠送了亚当·斯密《道德情操论》（*Theory of Moral Sentiments*）的首版副本，并置于墨菲亲手制作的木质书托中。

受到杰西·夏皮罗（Jesse Shapiro）（首届贝克尔研究员）（Inaugural Becker Fellow）在 2002 年作为芝加哥大学访问学生的经历的启发，贝克尔中心启动了价格理论学者项目（Price Theory Scholars program）。该项目允许其他院校的经济学博士生体验并学习应用芝加哥传统的价格理论。被选为学者项目的学生在秋季学期到芝加哥大学学习第一学期的价格理论课程，该课程目前由凯文·墨菲授课。该项目得到了塞尔自由信托基金（Searle

Freedom Trust）的慷慨支持。

2007 年：乔治·W.布什总统（George W. Bush）授予贝克尔总统自由勋章（Presidential Medal of Freedom），并说："加里·贝克尔教授曾经说过：'许多知识分子、许多经济学家在写作时使用晦涩难懂的语言。有时，这是一种掩盖他们并没有说很多的方式。'然而，这位经济学家却与众不同。贝克尔的许多著作和文章，以及他 19 年的专栏作家生涯，都证明了他是一位具有独创性和清晰度的思想家。"

"贝克尔教授表明，经济学原理并不仅仅存在于理论之中。相反，它们有助于解释经济学以外领域的人类行为。他表明，通过将这些原则应用于公共政策，我们可以在促进企业和公共安全、保护环境、改善公立学校和巩固家庭方面取得长足进步。贝克尔教授还解释了人力资本投资的真正价值——他清楚地知道，受过良好教育和培训的劳动力能够增强我们的经济活力，有助于提高我们所有人的生活水平。"

贝克尔中心创办了价格理论夏令营（Price Theory Summer Camp）。该夏令营目前由凯文·墨菲领导，是一个为期一周的密集项目，来自其他大学的博士生聆听芝加哥大学价格理论教师的讲座，并体验一系列"芝加哥风格"的研讨会，在研讨会上教师介绍他们正在进行的研究。

2008 年：贝克尔荣获布拉德利奖（Bradley Prize）。"布拉德利基金会选择贝克尔博士，是因为他在经济学和社会学领域的原创性研究。贝克尔博士在经济学和人类行为领域的开创性工作彻底改变了这些研究领域，并激励了一代经济学家。"［布拉德利基金会总裁兼首席执行官迈克尔·W. 格里比（Michael W. Grebe）］

《普林斯顿校友周刊》（*Princeton Alumni Weekly*）将他列为普林斯顿有史以来最具影响力的 25 位人物之一。

与芝加哥大学校长罗伯特·J. 齐默（Robert J. Zimmer）一起被提名为国家科学奖章（National Medal of Science）推荐委员会成员。

2010 年：获得芝加哥大学校友会能授予的最高荣誉——校友奖章。

入选芝加哥大学北京中心指导委员会成员（Center in Beijing，University of Chicago，steering committee）。指导委员会有助于塑造中心的学术方向和规划。

《纽约客》（*the New Yorker*）的约翰·卡西迪（John Cassidy）对芝加哥经济学家（波斯纳、法马、科克伦、赫克曼、贝克尔、墨菲、塞勒、拉詹）（Posner, Fama, Cochrane, Heckman, Becker, Murphy, Thaler, Rajan）进行了一轮采访，题为"爆炸"（blowup）之后。在对芝加哥经济学和大衰退的反思中，贝克尔说："我认为，过去 12 个月表明，自由市场有时做得并不好……我一直所学并教授的芝加哥观点认为，自由市场做得好。自由市场并不完美，但政府做得更糟。再重复一下，在某些情况下，我们需要政府。这不是无政府主义的立场。但总的来说，政府做得更糟。是的，我们看到自由市场又一个做得不好的例子：它们做得糟糕，但除了这个理由之外，我尚未看到任何其他理由去改变上述观点。但在我看来，没有证据表明政府在这一过程之前或期间做得很好。"

贝克尔的《人力资本课程》(*The Lectures on Human Capital*)录制于2010年春季。乔伊·布朗(Joey Brown)拍摄的这19堂课程发布在油管网上，乔治·L.加西亚(Jorge L. Garcia)撰写了课程摘要，萨尔瓦多·纳瓦罗·洛扎诺(Salvador Navarro Lozano)撰写了课程笔记。"多年来，数以千计的经济学、社会学、公共政策和其他领域的研究生从加里·贝克尔的人力资本课堂教学中受益匪浅。我们希望，通过提供这些课程视频和笔记，全世界的人们都能增加自己的人力资本，并享受学习加里·贝克尔所讲授的人力资本这一迷人的主题"。

2011年：贝克尔·弗里德曼研究所(Becker Friedman Institute)在芝加哥大学成立。该研究所由成立3年的弗里德曼研究所(Friedman Institute)和贝克尔芝加哥价格理论中心合并在一起。该中心以芝加哥经济学的传统为基础："几十年来，芝加哥大学的经济学家们质疑传统智慧，检验证据，提出了大胆甚至革命性的想法。这些想法扎根于理论，用数据检验，凝聚了力量，从根本上改变了全世界的经济学思维。贝克尔·弗里德曼研究所建立在这一传统上，支持创新性研究和活动，旨在激发未来强有力的新思想。"贝克尔担任新研究所的主席，弗里德曼研究所的创始所长拉尔斯·彼得·汉森（Lars Peter Hansen）担任研究主任。

"纪念加里·S.贝克尔：一场会议"（Honoring Gary S. Becker: A Conference）庆祝贝克尔 80 寿辰，由埃德·拉泽尔和凯文·墨菲组织，米尔顿·弗里德曼研究所主办。朋友和同事们齐聚法学院参加会议，重点讨论他对经济学领域的贡献。校长罗伯特·J. 齐默在开幕致辞中说："他一次又一次地展示了他在知识上的无畏精神，他是芝加哥大学理想的典范。"詹姆斯·赫克曼以一场深刻的演讲［《关于加里·贝克尔的个人笔记》（*Private Notes on Gary Becker*），2014］结束了本次会议，演讲将贝克尔的思想贡献置于历史背景中，并重点介绍了他职业生涯中与之共事并受其影响的其他著名经济学家。

戴维斯等人对经济学教授进行的一项调查将贝克尔列为他们最喜爱的 60 岁以上在世经济学家。

2014 年：贝克尔于 5 月 3 日在芝加哥逝世。他晚期在媒体上发表的文章涉及大麻合法化的益处、解除对古巴的禁运以及对器官移植捐赠实行货币激励。

"如果说有哪位经济学家可以名正言顺地被称为这个学科的巨人，后人将站在他的肩膀上的话，贝克尔，凭借他将经济学应用于日常生活的方方面面的开创性应用，成为这一称号的候选人。他改变了经济学的性质，使其与人类生活和互动的全新领域相关。他的经济分析方法——在他提出这些方法时被人嘲笑——如今已成为犯罪学、社会学和其他社会科学领域最优秀的研究人员所使用的工具，这表明了他的影响力。"[《卫报》(*The Guardian*)，2014年5月15日]

"作为一名学者，贝克尔教授无所畏惧、才华横溢、思想坦率。他看到了经济理论的价值，但又将其与数据紧密结合。他坚信，只要认真对待，经济学就能改善人类境况。他开创了许多新的研究领域，以至于诺贝尔奖委员会不得不偏离了为某项具体工作颁奖的政策，转而称赞他'将微观经济分析的领域扩展到人类行为和互动的广泛范围，包括非市场行为'。"[贾斯汀·沃尔弗斯(Justin Wolfers)，《纽约时报》，2014年5月5日]

"贝克尔以极其强硬著称。他绝对让人害怕。但20年来，我从未听到他提高嗓门，甚至没有公开发怒过。人们害怕他，因为他能看透真相。不过，在他的内心深处，他有着深刻的人性。"[史蒂文·莱维特，魔鬼经济学博客(Freakonomics Blog)，2014年5月5日]

"贝克尔的贡献只有部分以他自己的名字印刷。他的'价格理论'入门课程（对芝加哥以外的人来说就是'微观经济学'）是大多数芝加哥博士生的核心知识体验。对我来说也是如此。在研讨会上没有人能与他相提并论，有时感觉他的血管里仿佛流淌着苏格兰启蒙运动的思想之河。他一贯对学生慷慨大方，一直激励着我的一生。在我写作或教学的每一天，我都希望能无愧于成为贝克尔的学生。"[爱德华·格莱泽，《新共和》(*New*

Republic ），2014 年 5 月 5 日 ］

　　"对于我们这些认识他的人来说，他是我们遇到过的最具创造力的思想家。正是由于他惊人的想象力，他的许多早期批评家将他视为异端。他们是对的：他是一个异端，就像路德、哥白尼和伽利略一样，他们改变了他们的世界，就像他改变了经济学一样。对于那些被视为本质上不属于经济学的问题，他带来了严谨而富有洞察力的方法。最终，他赢得了经济学界，诋毁者和所有人最终都成为皈依者"（赫克曼，拉泽尔和墨菲，2018）。

　　2018 年，《政治经济学期刊》和《人力资本期刊》（*Journal of Human Capital* ）出版了纪念加里·贝克尔的特刊。

关于加里·S. 贝克尔的精选作品

Boskin, Michael J. 2014. "The Courage of His Intuition: A Scholar Whose Penetrating Questions Led Economists and Social Scientists Where Many Had Feared to Tread." *Hoover Digest*, no. 3, summer.

Cassidy, John. January 14, 2010. Interview with Gary Becker. *New Yorker*. Clement, Douglas. 2002. Interview with Gary Becker. *The Region*, June issue, 16-25.

Coleman, James S. 1993. "The Impact of Gary Becker's Work on Sociology." *Acta Sociologica* 36, no. 3: 169-78.

Ehrlich, Isaac. 2018. "Celebrating the Life and Work of Gary Becker." *Journal of Human Capital* 12, no. 2: 173-81.

Febrero, R., and P. Schwartz, eds., 1995. *The Essence of Becker*. Stanford, CA: Hoover Institution Press.

Fuchs, Victor R. 1994. "Nobel Laureate: Gary S. Becker: Ideas About Facts." *Journal of Economic Perspectives* 8, no. 2: 183-92.

Heckman, James. 2014. Private Notes on Gary Becker. No 8200, IZA Discussion Papers, Institute of Labor Economics (IZA).

———. 2015a. "Gary Becker: Model Economic Scientist." *American Economic Review* 105 (5): 74-79.

———. 2015b. Gary Becker: Model Economic Scientist. Discussion paper series, Institute for the Study of Labor (IZA).

Heckman, James J., Edward P. Lazear, and Kevin M. Murphy. 2018. "Gary Becker Remembered." *Journal of Political Economy* 126: 1-6.

Lazear, Edward Paul. 2014. "Numbers to Live By. To Gary Becker, the Invisible Hand Was Inescapably Human." *Hoover Digest*, no. 3, summer.

———. 2015. "Gary Becker's Impact on Economics and Policy." *American Economic Review* 105 (5): 80-84.

MacRae, Duncan. 1978. "The Sociological Economics of Gary S. Becker." *American Journal of Sociology* 83, no. 5: 1244-58.

Mulligan, Casey B. 2008. "Becker, Gary S. (born 1930)." In *The New Palgrave Dictionary of Economics*, 2nd ed., ed. Steven N. Durlauf and Lawrence E. Blume. Basingstoke, UK: Palgrave Macmillan.

Murphy, Kevin M. 2015a. "Gary Becker as Teacher." *American Economic Review* 105 (5): 71-73.

———. 2015b. "How Gary Becker Saw the Scourge of Discrimination." *Chicago Booth Review*. June 15.

Posner, Richard A. 1993. "Gary Becker's Contributions to Law and Economics." *Journal of Legal Studies* 22, no. 2: 211-15.

Roberts, Russell. 2014. "A Professor's Professor: In His Classroom, Rigor Was Its Own Reward." *Hoover Digest*, no. 3, summer.

Robinson, Peter. 2014. "Markets Are Hard to Appreciate." *Hoover Digest*, no. 3, summer.

Rosen, Sherwin. 1993. "Risks and Rewards: Gary Becker's Contributions to Economics." *Scandinavian Journal of Economics* 95, no. 1, 25-36.

Soares, R. 2015. "Gary Becker's Contributions in Health Economics." *Journal of Demographic Economics* 81, no. 1, 51-57. doi:10.1017/dem.2014.10.

Taylor, John B. 2014. "An Economic Trailblazer. The Late Hoover Fellow Gary Becker Followed the Data to 'Amazing Ideas and Predictions.'" *Hoover Digest*, no. 3, summer.

加里·S. 贝克尔的文献目录

专著

1957 (2nd ed. 1971). *The Economics of Discrimination*. University of Chicago Press.
1964 (2nd ed. 1975, 3rd edition 1993). *Human Capital*. Columbia University Press for the NBER.

1967. *Human Capital and the Personal Distribution of Income: An Analytical Approach*. University of Michigan Press, 1967.

1971 (2nd ed. 2007). *Economic Theory*. Alfred A. Knopf.

1974. *Essays in the Economics of Crime and Punishment*. Edited with William M. Landes. Columbia University Press for the National Bureau of Economic Research.

1975. *The Allocation of Time and Goods Over the Life Cycle*. With Gilbert Ghez. Columbia University Press for the National Bureau of Economic Research.

1976. *The Economic Approach to Human Behavior*. University of Chicago Press.

1976. *Essays in Labor Economics in Honor of H. Gregg Lewis*. Edited. Special Supplement to the *Journal of Political Economy* 84, no. 2, part 2, August.

1981 (enlarged edition 1991). *A Treatise on the Family*. Harvard University Press.

1996. *Accounting for Tastes*. Harvard University Press.

1996. *The Economics of Life*. With Guity Nashat Becker. McGraw- Hill.

2000. *Social Economics.* With Kevin M. Murphy. Harvard University Press.

2009. *Uncommon Sense: Economic Insights, from Marriage to Terrorism.* With Richard A. Posner. University of Chicago Press.

精选文章

1952. A Note on Multi- country Trade. *American Economic Review* 42, 558-68.

1952. (With William Baumol) The Classical Monetary Theory: The Outcome of the Discussion. *Economica* 19, no. 76, 355-76.

1957. "The Case Against Conscription." Working paper number D- 4514, RAND Corporation, August. Published with an introduction by Becker as "The Case Against the Draft," *Hoover Digest*, no. 3, 2007.

1957. (With Milton Friedman) A Statistical Illusion in Judging Keynesian Models. *Journal of Political Economy* 65, no. l, 64-75.

1958. Competition and Democracy. *Journal of Law and Economics* 1, 105-9.

1958. (With Milton Friedman) The Friedman- Becker Illusion: Reply. *Journal of Political Economy* 66, no. 6, 545-57.

1958. (With Milton Friedman) Reply to Kuh and Johnston. *Review of Economics and Statistics* 40, no. 3, 298.

1959. Union Restrictions on Entry. In *The Public Stake in Union Power*, ed.Philip D. Bradley. Charlottesville: University of Virginia Press.

1960. An Economic Analysis of Fertility. In *Demographic and Economic Change in Developed Countries*, Conference of the Universities- National Bureau of Economic Research. Princeton, NJ: Princeton University Press, 209-40.

1960. (With William Baumol) The Classical Monetary Theory: The Outcome of the Discussion. Revised and published in *Essays in Economic Thought*, ed. J. Spengler and W. Allen. Chicago: Rand McNally.

加里·S. 贝克尔的文献目录

1962. Irrational Behavior and Economic Theory. *Journal of Political Economy* 70, no. 1,1-13.

1962. Discrimination and the Occupational Progress of Negroes: A Comment. *Review of Economics and Statistics* 44, no. 2, May.

1962. Investment in Human Capital: A Theoretical Analysis. *Journal of Political Economy* 70, no. 5, part 2, 9-49, October.

1962. Underinvestment in College Education? In E. Phelps, ed., *Problems of Economic Growth*. New York: W. W. Norton. Originally published, *American Economic Review* 50, no. 2, 346-54, 1960.

1963. Rational Action and Economic Theory: A Reply to I. Kirzner. *Journal of Political Economy* 71 (no. 1): 82-83, February.

1965. A Theory of the Allocation of Time. *Economic Journal* 75, 493-508.

1966. (With Barry Chiswick) Education and the Distribution of Earnings. *American Economic Review* 56 (no. 2): 358-69, May.

1966. Human Capital and the Personal Distribution of Income: An Analytic Approach. Dept. of Economics and Institution of Public Administration, University of Michigan, Ann Arbor.

1968. Crime and Punishment: An Economic Approach. *Journal of Political Economy* 76, 169-217.

1972. Schooling and Inequality from Generation to Generation: Comment. *Journal of Political Economy* 80, no. 3, pt. 2, May-June.

1972. (With Isaac Ehrlich) Market Insurance, Self- Insurance, and Self-Protection. *Journal of Political Economy* 80, no. 4, 623-48.

1973. (With H. Gregg Lewis) On the Interaction between the Quantity and Quality of Children. *Journal of Political Economy* 81, part II, S279-S288.

1973. A Theory of Marriage: Part I. *Journal of Political Economy* 81, no. 4, 813-46.

213

1973. (With Robert T. Michael) On the New Theory of Consumer Behavior. *Swedish Journal of Economics* 75, 378-96.

1974. A Theory of Social Interactions. *Journal of Political Economy* 82, 1063-93.

1974. A Theory of Marriage: Part II. *Journal of Political Economy* 82, no. 2, 1974, S11-S26.

1974. On the Relevance of the New Economics of the Family. *American Economic Review* 64 (no. 2): 317-19.

1974. (With George J. Stigler) Law Enforcement, Malfeasance, and Compensation of Enforcers. *Journal of Legal Studies* 3, no. 1, 1-18.

1976. Comment on Peltzman. *Journal of Law and Economics* 19, 245-48.

1976. Altruism, Egoism, and Genetic Fitness: Economics and Sociobiology. *Journal of Economic Literature* 14, no. 3, 817-26.

1976. Toward a More General Theory of Regulation: Comment. *Journal of Law and Economics* 19, no. 2, 245-48.

1976. (With Nigel Tomes) Child Endowments and the Quantity and Quality of Children. In *Essays in Labor Economics in Honor of H. Gregg Lewis*, ed. G. S. Becker. *Journal of Political Economy* 84, no. 4, part 2, S143-62.

1977. Economic Analysis and Human Behavior. In *Sociological Economics*, ed. L. Levy-Garboua. Beverly Hills, CA: Sage.

1977. Altruism, Egoism, and Genetic Fitness: Economics and Sociobiology: Reply. *Journal of Economic Literature* 15, no. 2, 506-7.

1977. Reply to Hirshleifer and Tullock. *Journal of Economic Literature* 15, no. 2, 506-7.

1977. (With Elisabeth M. Landes and Robert T. Michael) An Economic Analysis of Marital Instability. *Journal of Political Economy* 85, no. 6, 1153-89.

1977. (With George J. Stigler) De Gustibus Non Est Disputandum. *American Economic Review* 67, no. 2, 76-90.

加里·S. 贝克尔的文献目录

1979. (With Nigel Tomes.) An Equilibrium Theory of the Distribution of Income and Intergenerational Mobility. *Journal of Political Economy* 87, 1153-89.

1980. Privacy and Malfeasance: A Comment. *Journal of Legal Studies* 9, no. 4, 823-26.

1981. Altruism in the Family and Selfishness in the Market Place. *Economica* 48, 1-15.

1983. A Theory of Competition among Pressure Groups for Political Influence. *Quarterly Journal of Economics* 98, 371-400.

1985. Public Policies, Pressure Groups, and Deadweight Costs. *Journal of Public Economics* 28, 329-47.

1985. Human Capital, Effort, and the Sexual Division of Labor. *Journal of Labor Economics* 3, no. 1, 1985, S33-S58.

1985. Special Interests and Public Policies. Acceptance Paper, Frank E. Seidman Distinguished Award in Political Economy, Rhodes College.

1985. Pressure Groups and Political Behavior. In *Capitalism and Democracy: Schumpeter Revisited*, ed. R. D. Coe and C. K. Wilbur. Notre Dame, IN: University of Notre Dame Press, 1985.

1985. An Economic Analysis of the Family. Seventeenth Geary Lecture. Economic and Social Research Institute, Dublin, Ireland.

1986. (With Robert J. Barro) Altruism and the Economic Theory of Fertility. *Population and Development Review* 12, 69-76.

1986. (With Nigel Tomes) Human Capital and the Rise and Fall of Families. *Journal of Labor Economics* 4, S1-S39.

1988. Family Economics and Macro Behavior. *American Economic Review* 78, no. 1, 1-13.

1988. (With Robert J. Barro) A Reformulation of the Economic Theory of Fertility. *Quarterly Journal of Economics* 103, 1-25.

1988. (With Kevin M. Murphy) A Theory of Rational Addiction. *Journal of Political*

Economy 96, 675-700.

1988. (With Kevin M. Murphy.) The Family and the State. *Journal of Law and Economics* 31, 1-18.

1989. On the Economics of the Family: Reply to a Skeptic. *American Economic Review* 79, 514-18.

1989. (With Robert J. Barro.) Fertility Choice in a Model of Economic Growth. *Econometrica* 57, 481-501.

1990. (With Kevin M. Murphy and Robert F. Tamura) Human Capital, Fertility, and Economic Growth. *Journal of Political Economy* 98, no. 5, pt. 2, S12-S70.

1991. A Note on Restaurant Pricing and Other Examples of Social Influences on Price. *Journal of Political Economy* 99, no. 5, 1991, 1109-16.

1991. Milton Friedman. In *Remembering the University of Chicago: Teachers, Scientists, and Scholars*, ed. Edward Shils. University of Chicago Press, 1991.

1991. (With Michael Grossman and Kevin M. Murphy) Rational Addiction and the Effect of Price on Consumption. *American Economic Review* 81, 237-41.

1992. George Joseph Stigler. *Journal des Economistes et des Etudes Humaines* 3, no. 1, 5-9.

1992. Human Capital and the Economy. *Proceedings of the American Philosophical Society* 136, no. 1, 85-92.

1992. On the New Institutional Economics: Comments. *Contract Economics*, ed. Lars Werin, and Hans Wijkander. Cambridge, MA: Blackwell, 66-71.

1992. Education, Labor Force Quality and the Economy. *Business Economics* 27, no. 1, 7-12.

1992. Habits, Addictions, and Traditions. *Kyklos* 45, 327-45.

1992. Fertility and the Economy. *Journal of Population Economics* 5, no. 3, 185-201.

加里·S. 贝克尔的文献目录

1992. (With Kevin M. Murphy) The Division of Labor, Coordination Costs, and Knowledge. *Quarterly Journal of Economics* 107, no. 4, 1137-1160.

1993. Nobel Lecture: The Economic Way of Looking at Behavior. *Journal of Political Economy* 101, no. 3, 385-409.

1993. Gary S. Becker— Autobiography. In *Les Prix Nobel. The Nobel Prizes 1992*, ed. Tore Frängsmyr. [Nobel Foundation], Stockholm.

1993. Government, Human Capital, and Economic Growth. Presidential Address to the Mont Pelerin Society, Vancouver General Meeting, September 1992. *Industry of Free China* 79, no. 6, 47-56.

1993. U.S. and Canadian Maintenance Programs: Comments. *Journal of Labor Economics* 11, no. 1, S326-29.

1993. George Joseph Stigler: January 17, 1911-December 1, 1991. *Journal of Political Economy* 101, no. 5, 761-67.

1993. (With Kevin M. Murphy) A Simple Theory of Advertising as a Good or Bad. *Quarterly Journal of Economics* 108, no. 4, 941-64.

1993. (With Richard A. Posner) Cross- Cultural Differences in Family and Sexual Life: An Economic Analysis. *Rationality and Society* 5, no. 4, 421-31.

1994. (With Michael Grossman and Kevin M. Murphy) An Empirical Analysis of Cigarette Addiction. *American Economic Review* 84, 396-418.

1995. Human Capital and Economic Growth. *Prague Economic Papers*, 4(3), 223-28.

1995. The Economics of Crime. *Cross Sections*, Federal Reserve Bank of Richmond, 8-15.

1995. Human Capital and Economic Growth. *Prague Economic Papers*, 4(3), 223-28.

1997. (With Casey B. Mulligan) The Endogenous Determination of Time Preference. *Quarterly Journal of Economics* 112, 729-58.

1998. (With Tomas J. Philipson) Old- Age Longevity and Mortality- Contingent Claims. *Journal of Political Economy* 106, no. 3, 551-73.

1999. Milton Friedman: 1921. In *The Legacy of Milton Friedman as Teacher*, ed. J. D. Hammond, 30-37. Cheltenham, UK: Elgar.

1999. (With Edward L. Glaeser and Kevin M. Murphy) Population and Economic Growth. *American Economic Review* 89, no. 2, 145-49.

2000. Competition. In *Leadership for America*, ed. Edwin J. Feulner Jr. Dallas, TX: Spence Publishing, 2000, 275-89.

2000. A Comment on the Conference on Cost- Benefit Analysis. *Journal of Legal Studies* 29, no. 2, 1149-52.

2002. The Age of Human Capital. In *Education in the Twenty- First Century*, ed. E. P. Lazear, 3-8. Palo Alto: Hoover Institution Press.

2003. (With Casey B. Mulligan) Deadweight Costs and the Size of Government. *Journal of Law and Economics* 46, 293-340.

2005. The Economics of Immigration: Foreword. In *The Economics of Immigration: Selected Papers of Barry R Chiswick*. Cheltenham, UK: Elgar, 2005, vii.

2005. (With Kevin M. Murphy and Ivan Werning) The Equilibrium Distribution of Income and the Market for Status. *Journal of Political Economy* 113, no. 2: 282-310.

2005. (With Tomas J. Philipson and Rodrigo R. Soares) The Quality and Quantity of Life and the Evolution of World Inequality. *American Economic Review* 95, 277-91.

2006. Health and Human Capital: The Inaugural T.W. Schultz Lecture. *Review of Agricultural Economics* 28, no. 3, 323-25.

2006. Working with Jacob Mincer: Reminiscences of Columbia's Labor Workshop. In *Jacob Mincer: A Pioneer of Modern Labor Economics*, ed. S. Grossbard. Boston: Springer.

2006. On the Economics of Capital Punishment. *The Economists' Voice*, 3, no. 3. 2006. (With

加里·S. 贝克尔的文献目录

K. Murphy and M. Grossman) The Market for Illegal Goods: The Case of Drugs. *Journal of Political Economy* 114, 38-60.

2006. (With Martin C. McGuire) Reversal of Misfortune When Providing for Adversity. *Defense and Peace Economics* 17, no. 6, 619-43.

2006 (With Luis Rayo) Peer Comparisons and Consumer Debt. *University of Chicago Law Review* 73, no. 1, 231-48.

2007. Health as Human Capital: Synthesis and Extensions. *Oxford Economic Papers* 59, 379-410.

2007. (With Julio J. Elias) Introducing Incentives in the Market for Live and Cadaveric Organ Donations. *Journal of Economic Perspectives* 21, 3-24.

2007. (With Kevin M. Murphy) Education and Consumption: The Effects of Education in the Household Compared to the Marketplace. *Journal of Human Capital* 1, no. 1, 9-35.

2007. (With Kevin M. Murphy) The Upside of Income Inequality. *American: A Magazine of Ideas* 1, no. 4, 20-23.

2007. (With Luis Rayo) Evolutionary Efficiency and Happiness. *Journal of Political Economy* 115, 302-37.

2007. (With Luis Rayo) Habits, Peers, and Happiness: An Evolutionary Perspective. *American Economic Review* 97, no. 2, 487-91.

2008. (With Luis Rayo) Economic Growth and Subjective Well- Being: Reassessing the Easterlin Paradox. Comments and Discussion. Brookings Papers on Economic Activity 2008 (2008): 88-102.

2010. (With William H. J. Hubbard and Kevin M. Murphy) Explaining the Worldwide Boom in Higher Education of Women. *Journal of Human Capital* 4, 203-41.

2010. (With Dennis W. Carlton and Hal S. Sider) Net Neutrality and Consumer Welfare. *Journal of Competition Law and Economics*, Oxford University Press, 6, no. 3, 497-519.

家庭经济学

2010. (With William H. J. Hubbard and Kevin M. Murphy) The Market for College Graduates and the Worldwide Boom in Higher Education of Women. *American Economic Review* 100, no. 2, 229-33.

2011. (With Kevin M. Murphy and Robert H. Topel) On the Economics of Climate Policy. *B. E. Journal of Economic Analysis & Policy*, De Gruyter, 10, no. 2, 1-27.

2012. Growing Human Capital Investment in China Compared to Falling Investment in the United States. *Journal of Policy Modeling*, Elsevier, 34, no. 4, 517-24.

2014. (With Richard A. Posner) The Future of Law and Economics. *Review of Law & Economics*, De Gruyter, 10, no. 3, 1-6.

2016. (With Kevin M. Murphy and Jörg L. Spenkuch) The Manipulation of Children's Preferences, Old-Age Support, and Investment in Children's Human Capital. *Journal of Labor Economics* 34(S2), 3-30.

2017. (With Casey B. Mulligan) Is Voting Rational or Instrumental? In *Explorations in Public Sector Economics*, ed. Joshua Hall. Springer Cham, 1-11.

2018. (With Scott Duke Kominers, Kevin M. Murphy, and Jörg L. Spenkuch) A Theory of Intergenerational Mobility. *Journal of Political Economy* 126, S1, S7-S25.

2022. (With Julio J. Elias and Karen J. Ye) The Shortage of Kidneys for Transplant: Altruism, Exchanges, Opt In vs. Opt Out, and the Market for Kidneys. *Journal of Economic Behavior & Organization* 202, 211-226.

加里·S. 贝克尔在哥伦比亚大学和芝加哥大学主持的学位论文

哥伦比亚大学

1966   William Landes. An Economic Analysis of Fair Employment Practice Laws.

1967   Barry Chiswick. Human Capital and Distribution of Personal Income. Reuben Gronau. The Effect of Traveling Time on the Demand for Passenger Airline Transportation.

1968   Anthony Clinton Fisher. The Supply of Enlisted Volunteers for Military Service.

1969   Robert Michael. The Effect of Education on Efficiency in Consumption.

1970   June O'Neill (née Cohn). The Effect of Income and Education on Inter-Regional Migration.

        Gilbert Ghez. A Theory of Life Cycle Consumption.

        Isaac Ehrlich. Participation in Illegitimate Activities: An Economic Analysis.

        Michael Grossman. The Demand for Health: A Theoretical and Empirical Investigation.

1971   Haim Ofek. Allocation of Goods and Time in a Family Context.

芝加哥大学

Gary Becker was a member of 228 dissertation committees at the Department of Economics of the University of Chicago, of which he chaired 79.

家庭经济学

1971   Edi Karni. The Value of Time and the Demand for Money.

1972   Alan Freiden. A Model of Marriage and Fertility.

1973   Neil Komesar. Economic Analysis of Criminal Victimization.

1974   Michael Keeley. A Model of Marital Formation: The Determinants of the Optimal Age at First Marriage.

1976   James Adams. A Theory of Intergenerational Transfers.

   Lawrence Olson. The Allocation of Time to Vocational School Training.

   Rodney Smith. The Legal and Illegal Markets for Taxed Goods and Taxation Policy: Pure Theory and an Application to State Government Taxation of Distilled Spirits.

   Walter Wessels. The Theory of Search in Heterogenous Markets: The Case of Marital Search.

1977   Itzhak Goldberg. Enforcement of Work Discipline: An Economic Analysis.

   Christopher Robinson. Allocation of Time across the Day: An Analysis of the Demand and Supply of Shiftworkers.

1978   Shoshana Grossbard-Shechtman. The Economics of Polygamy.

   Nigel Tomes. A Model of Child Endowments, and the Quality and Quantity of Children.

1979   Peter Lewin. The Economics of Apartheid.

1980   James Brown. Employee Risk Aversion, Income Uncertainty, and Optimal Labor Contracts.

   Stephen Layson. Homicide and Deterrence: A Re-Examination of the U.S. Time Series Evidence.

1981   Russell Roberts. A Positive Analysis of the Design of Government Transfer

Programs.

Yuechim Wong. Earnings Distribution in Hong Kong.

1982 Frederick Miller. Wages and Establishment Size.

1983 Elizabeth Peters. The Impact of Regulation of Marriage, Divorce, and Property Settlements in a Private Contracting Framework.

1984 Matthew Goldberg. Compensation and Retention in the U.S. Navy. Daniel Gros. Increasing Returns and Human Capital in International Trade.

Laurence Iannaccone. Consumption Capital and Habit Formation with an Application to Religious Participation.

Seyed Mirani. Collective Political Violence and the Redistribution of Political Income.

1985 Christopher Flinn. Behavioral Models of Wage Growth and Job Change over the Life Cycle.

Jenny Wahl. Fertility in America: Historical Patterns and Wealth Effects on the Quantity and Quality of Children.

1987 Siu Fai Leung. A Theoretical and Empirical Analysis of the Effects of Parental Sex Preferences on Fertility.

Avi Weiss. Firm-Specific Physical Capital: An Empirical Analysis of Vertical Mergers.

1988 Robert Tamura. Fertility, Human Capital, and the "Wealth of Nations."

1989 Indermit Gill. Technological Change, Education and Obsolescence of Human Capital: Some Evidence for the U.S.

Kristian Palda. Electoral Spending.

Martin Zelder. Children as Public Goods and the Effect of Divorce Law upon the

Divorce Rate.

1991 Carlos Seiglie. Determinants of Military Expenditures.

Dean Lillard. The Effects of Neighborhood Characteristics on Investment in Human Capital: A Theoretical and Empirical Investigation.

Grace Tsiang. Married Female Labor Supply in Malaysia: Implications of Flexible Employment Arrangements.

1992 David Meltzer. Mortality Decline, the Demographic Transition, and Economic Growth.

1993 Kermit Daniel. Does Marriage Make Workers More Productive? Ian Parry. Policy Analysis of Global Warming Uncertainties.

1994 Mary Kilburn. Minority Representation in the U.S. Military.

Jinyoung Kim. Knowledge Creation, Human Capital Investment, and Economic Growth.

1995 Avner Ahituv. Fertility Choices and Optimum Growth: A Theoretical and Empirical Investigation.

Kathryn Ierulli. Time Allocation and Wage Growth.

1996 Hideo Akabayashi. On the Role of Incentives in the Formation of Human Capital in the Family.

James Miller. Three Essays in the Economics of Litigation.

1999 John Cawley. Rational Addiction, the Consumption of Calories, and Body Weight.

Scott Drewianka. Social Effects in Marriage Markets: Theory, Existence, Magnitude, and Nature.

Jeanne-Mey Sun. Interjurisdictional Competition with an Application to International Equity Markets.

加里·S. 贝克尔在哥伦比亚大学和芝加哥大学主持的学位论文

2000 Darius Lakdawalla. The Declining Quality of Teachers.

Thomas Miles. Three Empirical Essays in the Economics of Crime.

Chen Song. The Nature of Social Security and Its Impact on Family.

2002 Frederick Chen. Bargaining and Search in Marriage Markets.

Rodrigo Garcia-Verdu. Evaluation of Conditional Income Support Programs: The Case of Mexico's Progresa.

Masako Oyama. Fertility Decline and Female Labor Force Participation in Japan.

Rodrigo Soares. Life Expectancy, Educational Attainment, and Fertility Choice: The Economic Impacts of Mortality Reductions.

2003 Rodrigo Cerda. Drugs, Population, and Market Size.

Damien De Walque. How Does Education Affect Health Decisions? The Cases of HIV/AIDS and Smoking.

Audrius Girnius. Market Share vs. Market Size Effect of Advertising: Analysis of Market Structure.

Todd Kendall. General Human Capital and Specialization in Academia.

Edward Morrison. Bankruptcy Decision-Making: An Empirical Study of Small Business Bankruptcies.

2004 Patricia Pierotti. Sons versus Daughters: Evidence from Educational Achievement Outcomes in Brazil.

2005 Erica Benton. Female Occupational Choice and Family Mobility.

Julio Elias. The Effects of Ability and Family Background on Nonmonetary Returns to Education.

Valentin Rios. Liberals, Conservatives, and Your Tax Returns: Partisan Politics and the Enforcement Activities of the IRS.

John Pfaff. The Continued Vitality of Structured Sentencing Following Blakely: The Effectiveness of Voluntary Guidelines.

2006 Fernando Wilson. Explaining the Growth of Child Obesity in the US. Samantha Taam. Optimal Water Use: A Matter of Giving the Right Incentives.

Sebastien Gay. The Impact of Default Rules on Economic Behavior with Primary Attention to Organ Donations.

2007 Alexander Popov. Financial Markets Development, Allocation of Capital to Ideas, and Firm-Sponsored Training.

Atonu Rabbani. Essays in Health and Labor Economics: Market Size and Supply of Doctors with Implication for Mortality.

Salavat Gabdrakhamanov. Essays on Innovation and Dissemination of Ideas.

2008 Young-Il Albert Kim. Impact of Birth Studies on Fertility: Empirical Study of Allowance for Newborn Children, A Pronatal Policy.

2010 Lee Lockwood. The Importance of Bequest Motives for Saving and Insurance Decisions in Old Age.

Matias Tapia Gonzalez. Competition, Incentives, and the Distribution of Investments in Private School Markets.

2011 Yuri Sanchez Gonzalez. The Longevity Gains of Education.

Francisco Parro Greco. Economic Growth and the Gender Gap in Education.

William Hubbard. The Problem of Measuring Legal Change, with Application to *Bell Atlantic v. Twombly*.

2012 Jonathan Hall. Pareto Improvements from Lexus Lanes: The Case for Value Pricing on Heavily Congested Highways.

加里·S. 贝克尔在哥伦比亚大学和芝加哥大学主持的学位论文

Rui Colaco e Silva. Internal Labor Markets and Investment Behavior of Conglomerates.

2013   Hays Golden. Childhood Autism and Assortative Mating.

2015   Hanzhe Zhang. Essays in Matching, Auctions, and Evolution.

注释

第一部分　仅是开始

1. J. Heckman, "Gary Becker: Model Economic Scientist," Discussion paper series, Institute of the Study of Labor (IZA), 2015, p. 2.

2. Gary S. Becker, *The Economic Approach to Human Behavior* (Chicago: University of Chicago Press, 1976), 8.

3. George J. Stigler, *Memoirs of an Unregulated Economist* (New York: Basic Books), 199.

4. Gary S. Becker, *Economics Theory* (New York: A. Knopf, 1971), viii.

5. Clement Douglas, Interview with Gary Becker, *The Region*, June 2002, 16–25.

第二部分　解释喜好

1. Gary S. Becker, *Accounting for Tastes* (Cambridge, MA: Harvard University Press, 1996), 4.

2. Gary S. Becker, "Nobel Lecture: The Economic Way of Looking at Behavior," *Journal of Political Economy* 101, no. 3 (1993): 400.

3. Gary S. Becker, Kevin M. Murphy, and Jörg L. Spenkuch, "The Manipulation of Children's Preferences, Old–Age Support, and Investment in Children's Human Capital," *Journal of Labor Economics* 34(S2) (2016): 3–30.

4. Becker, *Accounting for Tastes*, 226.

5. 见 Gary S. Becker and Kevin M. Murphy, *Social Economics* (Cambridge, MA: Harvard University Press, 2000).

6. Becker, *Accounting for Tastes*, 400.

7. Becker and Murphy, *Social Economics*.

8. Becker, *Accounting for Tastes*, 12.

第三部分　家庭生产和人力资本

1. 感谢蒂姆·佩里提醒我们注意并寄给我们该论文的副本。迈克尔·吉布斯（Michael Gibbs）和蒂姆·佩里在如下文章中讨论了该论文的渊源："Dodging a Draft: Gary Becker's Lost Paper on Conscription," IZA Discussion Papers, no. 14284, Institute of Labor Economics (IZA), Bonn (2021).

2. "Should the Military Pay for Training of Skilled Personnel?," RAND Document, D–4508, 15 August 1957, in this volume, p. 61.

3. *Human Capital: A Theoretical and Empirical Analysis with Special Reference to Education* (NBER, 1964), 22.

4. Gary S. Becker, "A Theory of the Allocation of Time," *Economic Journal* 75, no. 299 (1965): 493.

5. Becker, "Theory of the Allocation of Time," 493–94.

6. Mark Aguiar, Mark Bils, Kerwin Kofi Charles, and Erik Hurst, "Leisure Luxuries and the Labor Supply of Young Men," *Journal of Political Economy*, vol 129, no. (2) (2021): 337–82.

7. 125th Anniversary Special Issue, *Economic Journal* 125, no. 583 (March 2015).

8. J. J. Heckman, "Introduction to *A Theory of the Allocation of Time* by Gary Becker," *Economic Journal* 125 (2015): 406.

9. P.–A. Chiappori and A. Lewbel, "Gary Becker's *A Theory of the Allocation of Time*," *Economic Journal* 125 (2015): 416.

10. Isaac Ehrlich and Gary S. Becker, "Market Insurance, Self–Insurance, and Self–Protection," *Journal of Political Economy* 80, no. 4 (1972): 623–48.

11. Council of Economic Advisers (CEA), "Chapter 6: Jobs and Income: Today and Tomorrow," Economic Report of the President, 2012.

12. 我非常感谢 A. 阿尔奇安、A. 恩托文、W. 戈勒姆（W. Gorham）、M. 霍格（M. Hoag）、J. 克肖（J. Kershaw）、B. 克莱因（B. Klein），特别是 R. 麦基恩（R. McKean）的有益评论。

注释

13. 见 *The Economics of Navy Pay*, P–1051，和 *Supply and Demand for Soldiers*, P–1037.

14. 让 p 代表从事该职业的任何成员在民用部门获得的未来收入流的现值，t 代表人均培训成本，t_m 代表军队承担的人均培训成本。那么，从事该职业的个人承担的人均成本为 $t_i = t - t_m$，他们的净收益为 $p - t_i = p - (t - t_m)$，军方的总成本为 $p + t_m$。如果 $S(p - t_i)$，$D_m(p + t_m)$ 和 $D_c(p)$ 分别代表该职业成员的供给函数和军事部门与民用部门的需求函数，则均衡要求：

$$S(p - t_i) = D_m(p + t_m) + D_c(p) \qquad (1')$$

然后：

$$\frac{\partial S}{\partial p}\mathrm{d}p + \frac{\partial S}{\partial t_i}\mathrm{d}t_i = \frac{\partial D_m}{\partial p}\mathrm{d}p + \frac{\partial D_m}{\partial t_m}\mathrm{d}t_m + \frac{\partial D_c}{\partial p}\mathrm{d}p \qquad (2')$$

我们知道

$$\frac{\partial S}{\partial t_i} = -\frac{\partial S}{\partial p}, \text{和} \frac{\partial D_m}{\partial t_m} = \frac{\partial D_m}{\partial p} \qquad (3')$$

通过减少培训开支，军方将这些开支转移到进入这一职业的个人，因此

$$\mathrm{d}t_i = -\mathrm{d}t_m \qquad (4')$$

将公式（3′）和公式（4′）代入公式（2′）后，可以得到

$$\frac{\partial S}{\partial p}\mathrm{d}p + \frac{\partial S}{\partial p}\mathrm{d}t_m = \frac{\partial D_m}{\partial p}\mathrm{d}p + \frac{\partial D_m}{\partial p}\mathrm{d}t_m + \frac{\partial D_c}{\partial p}\mathrm{d}p \qquad (5')$$

除以 $\mathrm{d}t_m$ 并重新排列项：

$$\left[\frac{\partial S}{\partial p} - \left(\frac{\partial D_m}{\partial p} + \frac{\partial D_c}{\partial p}\right)\right]\frac{\mathrm{d}p}{\mathrm{d}t_m} = \frac{\partial D_m}{\partial p} - \frac{\partial S}{\partial p} \qquad (6')$$

或者：

$$\frac{\mathrm{d}p}{\mathrm{d}t_m} = \frac{\dfrac{\partial D_m}{\partial p} - \dfrac{\partial S}{\partial p}}{\dfrac{\partial S}{\partial p} - \left(\dfrac{\partial D_m}{\partial p} + \dfrac{\partial D_c}{\partial p}\right)} \qquad (7')$$

如果我们需要的是聘用给定数量人员所带来的军费变化，则必须设定 $\partial D_m / \partial p = 0$。让 E_{sp} 和 $E_{d_c p}$ 分别表示供给和民用部门需求对价格的弹性。将公式（7′）中的斜率转换为弹性并除以 S 和 p，我们得到

$$\frac{\mathrm{d}p}{\mathrm{d}t_m} = \frac{-E_{sp}}{E_{sp} - \dfrac{D_c}{S}E_{d_c p}} \qquad (8')$$

231

因此，$|\mathrm{d}p|$ 总是 $\leqslant |\mathrm{d}t_m|$；每当 $E_{sp} = 0$ 或 $E_{d_cp} = -\infty$ 时 $\mathrm{d}p / \mathrm{d}t_m = 0$；每当 $D_c = 0$ 或 $E_{d_cp} = 0$ 时 $\mathrm{d}p = \mathrm{d}t_m$；当 E_{sp} 越小、D_c/S 和 $-E_{d_cp}$ 越大时，$\mathrm{d}p / \mathrm{d}t_m$ 越小（在绝对值上）。

15. 另一份备忘录对该草稿进行了详细分析。这份备忘录的日期是 1957 年 8 月 19 日，题为《反对征兵制度的理由》。它在五十年后出版，加里·贝克尔为其作了介绍性说明。Gary S. Becker, "The Case Against the Draft," *Hoover Digest*, no. 3 (2007).

16. 参考文献目录中的 Rosen 1981。贝克尔撰写本草稿时，罗森的论文尚未发表。

17. $H_c = fy\,(y^*, H_p)$

18. Council of Economic Advisers (CEA), 2012, "Chapter 6: Jobs and Income: Today and Tomorrow," Economic Report of the President.

19. 插图不可得。我们决定不添加这些插图，因为分析并不太依赖于它们。

第四部分 收入不平等和公共部门

1. Gary S. Becker, "The Case Against the Draft," *Hoover Digest*, no. 3 (2007).

2. Gary S. Becker, and Julio J. Elias, "Cash for Kidneys: The Case for a Market for Organs," *Wall Street Journal*, January 18, 2014.

3. 此评论深受 Peltzman（1976）和 Stigler（1975）的影响。

4. 尤其是，没有"在空中听取灵感的当权的狂人"（Keynes，1936，第 383 页）（译者注：参见《就业、利息和货币通论》，高鸿业译，商务印书馆，2017 年，第 400 页）。

5. 因此，这一理论不受影响于托宾对如下理论的反对，该理论假定政府部门不如私营部门理性或有效率（Tobin）。

6. 例如，萨缪尔森将社会福利函数定义为："在不探究其起源的情况下，我们把一个系统的所有经济规模的函数作为讨论的起点，这个系统应该表征某种道德信念……我们只要求这种信念能够允许关于如下问题的一个毫不含糊的回答，即经济体系的一种配置比其他配置'更好'还是'更坏'，

注释

或者'无所谓'，而且要求这些关系是传递性的。"（1947年，第221页）。另见 Bergson（1938）、Arrow（1951）和其他许多人的论述。

7. 也就是说，如果 i 是利己的，而 j 嫉妒 i，即 $U_i = U_i(I_i)$ 和 $U_j = U_j(I_j, I_i)$，$\partial U_j / \partial I_i < 0$，那么在下列情况下，利己比嫉妒具有更大的政治影响力

$$\frac{\partial P}{\partial I_i} = \frac{\partial P}{\partial U_i} \frac{\mathrm{d}U_i}{\mathrm{d}I_i} + \frac{\partial P}{\partial U_j} \frac{\partial U_j}{\partial I_i} \geq 0,$$

或者在如下情况下

$$\frac{\partial P}{\partial U_i} \frac{\mathrm{d}U_i}{\mathrm{d}I_i} \geq \frac{\partial P}{\partial U_j} \left(-\frac{\partial U_j}{\partial I_i} \right).$$

8. 这一结论只是把针对家庭内部再分配提出的"坏孩子定理"直接应用于公共再分配（见 Becker 1976b 和 Becker 1981，第Ⅵ章）。

9. 更一般地，在完全民主的情况下，$\underline{I} / \bar{I} = (1 - w)\sigma$，其中 σ 是政治偏好函数中不同收入之间的常替代弹性。

10. 即

$$-\frac{\partial P}{\partial I_i} \bigg/ \frac{\partial P}{\partial I_j} = -\frac{\mathrm{d}I_j}{\mathrm{d}I_i} > 1 \text{当} I_i = I_j (I_i^0 > I_j^0),$$

其中 I_i^0 和 I_j^0 分别为 i 和 j 的禀赋收入。

11. 如果 $w = 0$，均衡条件要求 $-\mathrm{d}I_j / \mathrm{d}I_i = 1$。然而，当 $I_i = I_j$ 时，如果 $-\mathrm{d}I_j / \mathrm{d}I_i > 1$，则无差异曲线的凸性意味着只有当 $I_i > I_j$ 时有 $-\mathrm{d}I_j / \mathrm{d}I_i = 1$。

12. 政治效用的变化等于

$$\mathrm{d}P = \sum_{k=1}^{n} \frac{\partial P}{\partial I_k} \mathrm{d}I_k = \frac{\partial P}{\partial I_i} \sum \left(\frac{\partial P}{\partial I_k} \bigg/ \frac{\partial P}{\partial I_i} \right) \mathrm{d}I_k$$

如果 i 被征税，在一个政治均衡中，对所有被征税的人来说（$\partial P / \partial I_k / \partial P / \partial I_i$）都等于 1，对所有被补贴的人来说都等于 $1 / 1 - w$，对既不被征税也不被补贴的人来说介于 1 和 $1 / 1 - w$ 之间 [见公式（8）和公式（9）]。因此

$$\mathrm{d}P \geq 0, \text{as} \sum_{all\ i\varepsilon t} \mathrm{d}I_i + \frac{1}{1-w} \sum_{all\ j\varepsilon s} \mathrm{d}I_j + \sum_{all\ p\varepsilon 0} \frac{1}{1-\alpha_p w} \mathrm{d}I_p \geq 0, \text{where} 0 \geq \alpha_p \geq 1$$

13. 关于这个公式的清晰推导，以及各种限定和扩展，见 Harberger 1971，特别是公式（5′）和脚注5。

14. 关于最优税收的文献综述，见 Sandmo 1976。

15. $\mathrm{d}P = MP_i \mathrm{d}I_i + MP_j \mathrm{d}I_j$

$$= MP_i \left(dI_i + \frac{MP_j}{MP_i} dI_j \right)$$

$$= MP_i \left(dI_i + \frac{1}{1-w} dI_j \right)$$

［见公式（12）］。因此，当 $dI_i + (1/1 - w)\, dI_j \gtrless 0$ 时，$dP \gtrless 0$。

第五部分　家庭与经济

1. W. Brian Arthur, Review Work: *A Treatise on the Family* by Gary S. Becker. *Population and Development Review* 8, no. 2 (Jun. 1982): 393–97.

2. Jane Humphries, Review Work: *A Treatise on the Family* by Gary S. Becker, *Economic Journal* 92, no. 367 (Sep. 1982): 739–40.

3. Sherwin Rosen, "Risks and Rewards: Gary Becker's Contributions to Economics," *Scandinavian Journal of Economics* 95, no. 1 (1993): 25–36.

加里·S. 贝克尔学术生涯年表

1. 在已发表论文的脚注中，贝克尔说："本注释摘自普林斯顿大学经济系和社会机构中最初作为毕业论文提交的一篇更大的论文。"

2. Milton Friedman Memorial Service, University of Chicago, 2007.

3. "The John Bates Clard Award: Citation on the Occasion of the Presentation of the Medal to Gary S. Becker, December 29, 1967," *American Economic Review* 58, no. 2 (1968): 684–84.

4. *University of Chicago Record* 5, no. 2 (February 4, 1971).

5. *Daily Maroon*, January 5, 1973.

6. *Daily Maroon*, October 22, 1982.

7. *University of Chicago Magazine* 86, no. 2 (December 1993).

8. *University of Chicago Magazine* 86, no. 5 (June 1994).

9. 贝克尔在哥伦比亚大学主持的学位论文列表由哥伦比亚大学经济系的安杰拉·里德（Angela Reid）根据论文记录提供。贝克尔担任委员会成员的芝加哥大学经济系学位论文的完整列表由研究生事务管理员埃米·舒尔茨（Amy Schulz）提供。为了确认贝克尔主持的学位论文，我们查阅了学位论文的网络版和实体版，并通过电子邮件亲自联系了作者。我们还使用ProQuest 数据库作为 1994 年以后学位论文的信息来源。这两份由贝克尔主持的学位论文列表可能存在遗漏。

致谢

我们非常感谢吉蒂·贝克尔（Guity Becker）在整个项目期间给予的持续鼓励和支持。本项目得益于马尔·格温（Marr Gwen）和斯图尔特·汤森（Stuart Townsend）的资助。弗吉尼亚·博瓦（Virginia Bova）提供了重要的秘书服务。芝加哥大学出版社的查德·齐默尔曼（Chad Zimmerman）是一位出色的编辑，苏珊·塔尔科夫（Susan Tarcov）也做了出色的编辑工作。阿俊·基拉里（Arjun Kilari）提供了出色的研究协助，尤其是在拟定加里·S. 贝克尔主持的学位论文列表方面。我们感谢哥伦比亚大学经济系的安吉拉·M. 雷德（Angela M. Raid）、芝加哥大学雷根斯坦图书馆学位论文办公室的科琳·马拉基（Colleen Mullarkey）以及芝加哥大学经济系研究生事务管理员艾米·舒尔茨（Amy Schulz）在拟定加里·S. 贝克尔主持的学位论文列表时提供的帮助。我们感谢兰德公司允许我们发表 D-4508 号文章中的材料，感谢蒂姆·佩里（Tim Perri）提醒我们注意并寄给我们该论文的副本。5 位匿名审稿人提出了意见和建议。我们还要感谢亚历杭德罗·罗德里格斯（Alejandro Rodriguez）对本书提出的宝贵意见。